KB138879

**Sexism
and the War
System**

메두사의 시선 01

성차별주의는
전쟁을
불러온다

페미니즘 국제정치학 입문

베티 리어든 지음

정희진 기획·감수·해제

황미요조 옮김

나무연필

†

에스더 스틴에게, 사랑과 추억을 담아

나 스스로 피가 되고 대지가 되고 비명 소리가 되기에 지쳤노라. 이야기꾼과, 그 이야기를 전하고 받아 적고 암송하여 결국 그 이야기를 믿게 되는 다른 이들에게 묻노니, 그것이 전부인가? 이야기꾼에게 묻노라. 그리하면 나는 어디에 존재하는가? 카인이 되고 싶지 않다면 아벨이 되어야만 하는가? 다른 길은 없는가?

_도로테 죌레Dorothee Sölle, 『평화에는 여성이 필요하다』(1982)

퍼트리샤 슈로더Patricia Schroeder †

미국의 유권자들은 아직 여성을 백악관에 보내본 적이 없으며, 여성운동은 여전히 헌법의 평등권 수정안에 명시된 완전한 법적 평등의 보장을 위해 투쟁하고 있다. 하지만 미국을 비롯한 세계는 큰 틀에서 본다면 줄곧 페미니즘 정치의 영향을 받아왔다. 부침을 겪긴 하겠지만, 여성들의 운동은 분명 세상을 변화시킬 수 있을 것이다.

이 책은 그 변화의 일부를 명쾌하게 설명하고 있다. 여성들은 시늉에 불과한 약속이나 외형상의 변화로는 만족하지 않을 것이다. 우리가 바라는 변화란 근본적이며 폭넓은 것이다. 우리는 그

---

† [편집자] 미국 최초의 여성 하원 의원. 1973~1997년까지 콜로라도주 의원을 지냈으며, 1988년에는 민주당 대선 후보로 나섰으나 중도 사퇴한 여성 정치인이다.

변화를 끌어내는 투쟁의 과정, 그리고 우리 자신의 삶과 세계를 바꿔내려는 신념과 주장을 포기하지 않을 것이다. 우리는 정치적·사회적 평등을 기본 가치로 여기기에, 평등을 주장한다. 우리는 여성의 평등을 거부하는 한, 현재 인권이 박탈되어 있는 다른 이들의 권리도 보장할 수 없으리라고 본다.

『성차별주의는 전쟁은 불러온다』는 인권을 쟁취하기 위한 총체적 투쟁에서 여성 인권의 중요성을 주장한다. 그리고 여성 인권에 대한 억압과 지속적인 군비경쟁, 궁극적인 폭력이라 할 수 있는 전쟁의 영속화 사이의 고리를 독자들이 살필 수 있게 한다. 이 책은 페미니스트와 평화 옹호자 모두에게 자신의 관점을 좀 더 깊이 들여다보게 하면서 그들 각각의 운동에 있는 공통점 가운데서 새로운 힘을 찾을 것을 요구한다.

페미니스트나 평화 옹호자 모두가 베티 리어든의 분석에 전적으로 동의하지 않을 수도 있다. 하지만 왜 세계가 점점 파괴를 향해 치달아가면서 인구의 절반이 다른 절반을 계속 굴종적 위치에 두려고 하는지에 대해 좀더 나은 이해를 구하려는 사람이라면, 이 책에서 탐구해볼 만한 지점을 발견하게 될 것이다.『성차별주의는 전쟁을 불러온다』는 이러한 질문을 탐색하면서, 더 나은 세계를 위한 진짜 희망은 전 세계적으로 성장해가는 여성운동에 있다고 확신하게 할 이유를 제공한다.

페미니스트 평화 연구의 시작

정희진

생물학, 정신분석학, 마르크스주의와 페미니즘의 관계를 비교해보면, 국제정치학은 근대 학문 분과에서 페미니즘의 개입이 가장 늦은 영역으로 악명이 높다. 전쟁, 국가 안보, 국제 관계는 핵물리학이나 영장류학 등 자연과학 분야보다도 페미니즘의 도전을 허락지 않았다. 이 분야는 '팩트'가 아니라 누가 말하는가에 따라 언어의 가치가 결정되는, 인간의 지성이 가장 작동하지 않는 영역이다. 일단, 여성이 말하면 진위를 의심받는다. 내 경험에서 보면, 시민사회에서조차 그러하다. 여기에 한국 사회는 분단 체제까지 겹쳐, '평화 연구'는 곧 국가 전략이나 국방 연구를 의미하였다. 우리는 분단 이후 '(국가주의적) 통일'이나 '평화', 심지어 '인도주의'조차 친북 공산주의로 간주되는 사회에 살고 있다.

페미니스트 평화학자이자 교육자인 베티 리어든이 1985년에 출간한 『성차별주의는 전쟁을 불러온다』는, 성차별 제도와 전쟁의 원리를 본격적으로 논한 첫 번째 지도atlas이자 페미니스트 페다고지의 고전이다. 이 책이 출간되기 전인 1983년, 한국에도 여러 차례 방문한 바 있는 페미니스트 국제정치학자 신시아 인로Cynthia H. Enloe의 『여성과 군대: 군사주의와 여성의 삶』*Does khaki become you?: The militarisation of women's lives*이 나왔다. 인로의 책은 제목 그대로 가부장제, 자본주의, 군사주의 사회에서의 여성의 삶을 다룬다. 또한 그간 군사軍事 영역에서 '전쟁의 부산물'로 간주되어 왔던 여성—여군, 방위산업체 노동자, 소비자, 피해자, 전시 성노예, 기지 주변의 성 산업 종사자, '미망인', 외교관 부인 등—과 국제정치의 관계를 논한다. 이처럼 인로의 책은 국제정치 분야에서 여성의 부재 그리고 그 가시화에 초점이 있었다.

이에 비해 리어든은 국제정치와 젠더를 주제로 인식론적 관점을 강조한다. 『성차별주의는 전쟁을 불러온다』는 전쟁의 작동 원리가 인간의 특성을 남성성과 여성성으로 분리하고 위계화하는 성차별주의sexism에 있다고 논증한다. '남성' 정치학자들은 대개 사회적 모순으로서의 젠더에 무지하거나 이를 사소한 이슈라고 여긴다. 리어든은 이 지점에서 시작한다. 젠더는 전쟁의 가장 강력한 작동 원리이며, 남성성에 대한 이해 없이 국제정치(세계질서, 전쟁 등)를 온전히 파악할 수 없다는 것이다. 군비 증강을

외치는 이들의 가장 강력한 근거는 "힘으로 전쟁을 막아야 한다"라는 소위 '현실주의'다. 그들은 자유주의 세력의 목소리조차 '낭만적'이라고 비판하지만, 리어든은 남성성에 대한 인식 없이는 전쟁을 멈출 수 없다고 본다.

이처럼 국가 안보와 국방 정책을 다루는 기존의 국제정치학은 소수 '엘리트' 남성들이 독점해온 분야로서 사적인 것, 감정적인 것, 일상적인 것과 대립하는 의미로서 소위 '상급 정치'high politics를 다루어왔다. 그동안 이 분야에서 '여성의 부재'는 완벽한 듯 보여서, 담론의 남성 중심성은 거의 인식되지 못했다. 그 결과, "남성=보편적 인간"이라는 전제가 가장 오래 남아 있는 분과였다. 이는 근대 체제가 공/사, 국내/국제의 분리와 그 성별화라는 이데올로기를 기반으로 성립되었기 때문이다. 이러한 관점을 확장해 국제정치학에 적용해보면, 노동시장이나 시민사회조차 '국내 영역이어서' 사적私的 영역으로 취급된다. 국내에서의 사적 영역이든, 국제 관계에서의 국내 문제든 모두 사소한 이슈라는 것이다. 이러한 분할에서 가정, 여성, 재생산과 관련된 삶은 국내 영역에 할당되고, 국내적인 것('집')과 상징적으로 가장 먼 최극단에 전쟁과 외교를 다루는 '국제'라는 가상의 세계가 만들어졌다.

국가는 제도이지 실체entity가 아니다. 전통적인 의미의 국민국가 이론에서는 이를 실체로 만들기 위해 국가의 3대 요소를 '주권, 영토, 인구'로 본다. 여기에서 국민은 동질적인 존재 같지만,

실상 사회는 성원권 개념을 중심으로 돌아간다. 성원권은 군사화된 보호 개념으로 정의된다. 보호자와 피보호자의 구별과 위계화가 그것이다.

공동체를 지킨다고 자부하는 이들은 보호해야 할 사람과 그렇지 않을 사람을 구별하는 권력을 갖게 된다. 그것이 배제, 타자화, 혐오이다. 성차별과 젠더 정치의 핵심은, '정상 남성'인 보호자가 남성 문화가 규정한 남성 이외의 사람들을 타자the others로, 피보호자로, 비非국민으로 규정하는 것이다. 이러한 패러다임에서 평화는 외부로부터 "지키는 것"이 된다. 이처럼 평화가 성취의 목표가 되면, 전쟁은 불가피하다. 평화를 지키기 위해 일상은 통제된다. "나라를 잃으면 아무 소용이 없다"는 것이다. 이것이 국가주의와 안보 이데올로기의 결합이다.

그러나 공동체의 평화는 '지키는 이'들에 의해서가 아니라 상호 돌봄으로 가능하다는 것이 리어든의 주장이다. 국제정치학이 만들어내는 국제정치 영역은 젠더가 만들어지는 방식과 유사한 이원적 대립에 근거한다. 전쟁/평화, 국외/국내, 질서/혼란, 현실/이상과 같은 이분법에서, 어느 한편은 성별화性別化된다. 이를테면 질서가 남성적 가치라면, 혼란은 예측할 수 없는 여성의 심리와 같은 것으로 취급된다. 국제정치학이 별도의 학문 분과로 제도화된 시기가 여성들이 선거권을 획득함으로써 국내 정치에 진출하게 된 이후라는 사실은 우연이 아니다.

리어든은 발상의 전환을 제안한다. "평화는 지키는 것이 아니라 만들어가는 과정이다. 평화로 가는 길은 없다. 평화가 길이다." 페미니즘의 주장은 평화를 대상화하거나 목적으로 삼지 않는다. 그러므로 기존의 전쟁과 평화는 반대말이 아니라 같은 말이다. 침략과 정복을 명분으로 내세우는 전쟁은 없다. 모든 전쟁은 정의justice에서 출발한다. '텔레반으로부터 이슬람 여성 같은' 약자를 보호하고, '악의 축인 북한과 같은 깡패 국가로부터' 평화를 지킨다는 설득력 있는 명분이 따른다. 미국의 (우익) 페미니스트들이 미국의 아프가니스탄 침공을 지지한 것은 전혀 놀라운 일이 아니다. 2018년 한국의 일부 페미니스트들이 난민 수용을 거부한 명분 역시 한국 여성의 안전을 최우선으로 한다는 '여성주의'였다.

◆

기존의 국제정치, 전쟁과 평화론에 대한 페미니즘의 논쟁점은 다음의 세 가지로 정리할 수 있다.

(1) 여성이나 장애인을 비롯한 소수자에겐 일상이 폭력이다. 가정에서 아내에 대한 폭력이 대표적인 사례일 것이다. 국가 간 갈등을 전제로 하는 국제정치는 국내에서의 폭력과 억압을 사소화, 비가시화한다. '적' 앞에서 우리는 단결해야 하고, 우리 안의 문제는 언제나 부차적이게 된다. 국가 안보라는 절대적 가치 앞에서 내부 민주주의를 주장하기 어렵다.

(2) 군사력은 인간 심리까지 포함한 총체적 개념이어서 근본적으로 객관적 평가가 불가능하지만, 그중 참고할 만한 지표인 '글로벌파이어파워GFP 세계 군사력 랭킹'에서 2020년 남한의 군사력 순위는 6위를 기록했다(북한은 25위). 군사비 지출과 국민의 삶의 질은 연관성을 가질 수밖에 없다. 이는 인간의 조건을 둘러싼 근본적인 질문이다.

(3) 군사주의는 통념처럼 전쟁에만 관련한 개념이 아니다. 군사주의는 일종의 문화 정치로서, 일상의 사회적 문제를 전적으로 힘forces의 원리에 의해 해결한다는 개념이다.

위와 같은 점에서 이 책의 원제인 '성차별주의와 전쟁 체제' Sexism and the War System는 정확한 개념이 아닐 수 없다. 1985년에 출간된 이 책은 선구적이지만, 주지하다시피 이후 세계정세는 급격히 변화하였다. 사회주의권의 변화('붕괴')와 전 지구적 자본주의로 인해 전쟁 이데올로기의 전제인 국가 간의 경계가 유동화되고, 내전과 국지전은 일상화되고 있다.

근대 초기에 학교와 군대는 신분 질서 아래의 사람들에게 '노동자, 국민, 대중'이라는 평등성을 부여하면서 훈육 기관으로 자리했다. 그러나 지금 이들 기관은 고용 없는 성장 앞에 붕괴되고 있다. 우리 사회에서 겪듯이, 군대와 학교는 더 이상 노동자를 필요로 하지 않는 자본주의 체제 앞에서 국민국가의 뇌관이 되고 있다. 이러한 현상은 가부장제-자본주의-군사주의의 관계를 재구성하고 있는데, '전쟁 주식회사'의 등장이 대표적이다. 예를 들어 '양심적 병역 거부'에 대한 수용도 부단한 평화운동의 산물이지만, 한편으로는 남성의 병역 이행과 시민권의 연결이 점차 약해지면서 가능한 것이었다. 87체제 이전의 병역 불이행은 취업을 비롯해 인생의 많은 부분을 포기해야 하는 선택이었지만(물론 말할 것도 없이 가장 크게 고통받은 집단은 여호와의 증인이다), 지금 양심적 병역 거부자는 평화운동가로서 사회적 시민권과 발언권을 획득하게 되었다. 예전에는 "군대 갔다 와야 사람이 된다"라는 말이 대세였지만, 지금은 "금수저가 아닌 사람이 군대에 간다".

당대 한국 국방부의 주요 입대 정책은 '국방'이 아니다. 군대는 취업과 자기 계발의 장으로 선전된다. 가장 성별화된 영역, 즉 남녀 갈등처럼 보였던 군대가 점차 젠더 문제에서 남성들 간의 계급 문제로 이동하고 있는 것이다. 문제는 학교 폭력이나 군 내부반의 총기 난사와 같은 상황, 즉 포스트 국민국가 이후의 상황에 한국 사회가 어떻게 대응할 것인가에 대한 사회적 고민이 부재하다는 것이다. 여전히 정상 국가normal state에 대한 염원에는 보수와 진보가 따로 없다.

우리에게 평화 연구가 절실한 이유다. 페미니즘은 권력관계를 다루지만, '이익집단 운동'이 아니다. 젠더를 사회구조적 모순으로 보는 페미니스트에게 여성학, 평화학, 생태학은 분리할 수 없는 인식론이다. 한국전쟁과 분단 체제를 살고 있는 사회에서, 가장 필요한 군축과 평화는 가장 낯선 혹은 불가능한 정책처럼 보

성차별주의는 전쟁을 불러온다

인다. 몇몇 서구 대학에는 협동 과정이나 다학제 프로그램으로 평화학과department of peace studies를 운영한다.

리어든의 문제 제기 이후 지구 자본주의의 변화는 여러 페미니스트들에 의해서 폭넓게 연구되고 있다. 병역 제도의 변화, 군기지를 둘러싼 여성 평화운동, 군사 용어의 젠더 메타포, 다양한 multiple 남성성'들' 등에 대한 연구가 그것이다.

이 같은 변화와 연구 성과에도 불구하고, 이 책의 후반부에 기술된 저자 주변인들의 언급이 흥미롭다. 이들의 반응은 오늘날 페미니스트들도 흔히 듣는 말이기 때문이다. "내용은 옳은데 대안이 없다" "책을 읽으니 우울하다." 이는 5천 년 가부장제에 대한 무지와 두려움이기도 하고, 남성 중심적 사유는 '의식'이 아니라 인간의 '무의식'에 자리 잡을 정도로 인류에게 체화된 것이기 때문이다.

이 책의 '거시적' 관점에 대해 리어든도 "나의 논증에는 설득력 있고 큰 스케일 변혁의 전략들을 더욱 정교하게 만드는 작업이 필요하다"라고 말하고 있다. 세계 각지에서 벌어지는 성차별과 전쟁에 대한 구체적이고 일상적인 사건들, 경북 성주의 사드 반대운동, 제주 강정동의 미군 기지 반대운동, 군비축소와 사회복지 이슈 등의 로컬 정치에 리어든의 프레임을 '적용'하면 훌륭한 공부가 될 것이다. 그런 의미에서 이 책은 평화학 입문서이자 평화운동의 교과서로 필수적이다.

한편 거시적인 이미지의 책 내용과 달리, 1985년에 출간된 이 책이 이미 현재 페미니즘의 이론적 쟁점들을 정확하게 요약하고 있다는 점도 놀랍다. 영원한 고전은 이런 책이 아닐까. 여성들 간의 차이(예를 들어 팔레스타인 여성과 이스라엘 여성), 돌봄 윤리학에 대한 논쟁, 평등 개념의 한계 등을 다루고 있다. 이 세 가지는 지금도 한국 사회에서나 전 지구적 페미니즘 이론에서나 첨예한 쟁점이다. 페미니즘 이론의 역사와 현재 그리고 변화하는 글로벌 자본주의와 기술 중심의 전쟁 방식을 이해하는 데 이 책이 첫 번째 이정표인 이유다.

추천사 퍼트리샤 슈로더 · **6**

해제 페미니스트 평화 연구의 시작 _정희진 · **8**

1장 성차별주의와 전쟁의 뿌리는 하나다 · **19**
　　페미니즘과 평화 연구가 통합되는 자리를 찾아서

2장 성차별주의와 전쟁 체제란 무엇인가 · **37**
　　핵심 개념의 정의, 그 개념에 담긴 가정에 대하여

3장 그들에게는 적과 희생자가 필요하다 · **91**
　　가부장제와 군사주의에 물든 사회의 공모에 대하여

4장 우리는 그 무언가를 넘어서야만 한다 · **145**
　　페미니즘, 평화운동, 국제정치학의 한계에 대하여

5장 페미니즘은 또 다른 미래를 꿈꾼다 · **183**
　　세계의 변혁과 이행을 모색하며

끝머리에 · **213**　│　감사의 말 · **216**

한국의 독자들에게 · **220**　│　옮긴이의 말 · **231**

부록 1 유엔 안보리의 여성 평화와 안보에 관한 결의 1325호 · **234**

부록 2 이 책과 함께 토론하기 좋은 자료 목록 _정희진 · **243**

참고 문헌 · **247**　│　찾아보기 · **253**

일러두기

1. 이 책은 베티 리어든의 *Sexism and the War System*을 한국어로 옮긴 것이다. 원서의
   초판은 1985년 콜럼비아대학교사범대출판부에서 출간됐는데, 한국어판은 1996년
   시라큐스대학교출판부에서 재출간된 판본을 번역하였다. 다만 본문 말미의 '한국
   의 독자들에게'는 원서에 수록되지 않은 글이다. 이 책은 페미니즘 평화학에 관한
   선구적인 문제의식이 돋보이는 고전이지만, 출간된 지 오래되어서 이후의 변화를
   고려해 필자가 별도의 글을 집필해주었고 이를 한국어판에 수록했다.

2. 필자의 주석은 따로 표시하지 않았고, 옮긴이와 편집자의 주석은 주석 번호 뒤에
   '[옮긴이]' '[편집자]'라고 밝혀두었다.

3. 단행본은 겹낫표(『 』), 논문을 비롯한 개별 글은 홑낫표(「 」), 신문·잡지는 겹꺾쇠
   표(《 》), 영화는 홑꺾쇠표(〈 〉)로 표시했다.

성차별주의와
전쟁의 뿌리는
하나다

페미니즘과
평화 연구가
통합되는
자리를 찾아서

그간 페미니즘 연구와 평화 연구는 각기 별도로 성차별주의와 전쟁을 일소하려는 시도를 해왔다. 이 책은 그 와중에 나타난 부족함과 아쉬움을 넘어서기 위해 이들 두 연구의 통합이 필요하다는 점을 논해보는 것을 **근본적인 목표**로 삼고 있다.

이 책의 요지는 성차별주의와 전쟁이 모두 폭력에 의존한다는 것이다. 이는 성차별주의와 전쟁 체제의 심리적·구조적 이유를 동등하게 고려하는 상호 인과성 이론을 적용해야만 문제와, 그 문제를 넘어서는 여러 관계들에 대해 충분히 이해할 수 있다는 주장으로 이어진다. 인류는 근본적으로 심리적·구조적 상호작용에서 기인한, 학습에서 비롯된 행동의 결과를 극복할 수 있다. 학습된 행동은 변화할 수 있고, 변화는 선택의 문제이다.

페미니스트와 평화 연구자들은, 내가 인간의 지식과 사회 발전에 있어 중요한 선택이라고 말해온 현상들과 마주하고 있다. 이들 두 연구 집단이 (나의 주장처럼) 자신의 관점, 연구 방식, 행동 전략 등을 통합하든, 아니면 뚜렷이 구별되지만 의미심장하게 평행적인 각자의 노선을 견지하든, 이들 모두는 인식론과 정치에 있어, 특히 변혁의 정치에 있어 지대한 차이를 만들어낼 수 있다. 그런데 둘 사이의 병합을 모색하기 전에 평화 연구자들은 자신의 연구를 비롯해 모든 인간사에 있어서 여성의 온전한 참여라는 적법한 요구를 직시해야만 한다. 이를 기반으로 한, 페미니즘과 평화운동의 연대를 향한 움직임은 세계 여성의 10주년 International Women's Decade (1975~1985)에 꼭 들어맞는 일이며, 아마도 구원의 정점이 될 것이다.

1975년 유엔의 세계 여성의 해 선언, 거기에서 이어지는 세계 여성의 10주년 선언 이래로, 평등, 개발, 평화라는 세 가지 기본 주제와 여성 사이의 관계에 대해서는 많은 립 서비스가 있어왔다. 이들 세 주제는 여성과의 관계뿐만 아니라 향후 이 행성에서 그 중요성이 대두되리라는 점 때문에 주목받았다. 그런데 산업화된 제1세계에서는 '평등'에, 그렇지 못한 제3세계에서는 '개발'에 대부분의 공식적이고 조직화된 관심과 노력이 집중되었다. 반면 여성과 '평화' 사이의 관계에 대해서는 그 어디에서도 실질적이라고 할 만한 숙고가 이뤄지지 않았고, 별다른 립 서비스조차 없었다. 실제로 '트리뷴' Tribune (1975년 멕시코에서 유엔 세

성차별주의는 전쟁을 불러온다

계 여성의 해 회의가 열리던 시기에 개최된 비공식 민간 회의)에 참가했던 서구 출신의 일부 여성들은 평화 및 군축 문제가 여성 문제와 무관하니 토론하지 말아달라는 권고를 받았다고 보고한 바 있다. 그러나 최근 페미니스트 평화 연구자라는, 점차 늘어나고 있는 소수 집단이 바로 이 특화된 주제에 관심을 기울이고 있다.

이 시기에 나는 근원적인 구조의 변혁 과정에서 여성과 여성운동이 어떻게 실질적이면서도 잠재적인 역할을 할 것인지 고민하고 있었다. 전쟁과 억압을 끝내는 길을 모색하면서 한데 뭉쳐 운동을 벌이던 학자와 활동가들은, 평화를 쟁취하는 데 근본적으로 여성과 여성운동의 잠재적 역할이 필요하다고 보고 있었다. 변혁의 과정에 여성의 시각과 참여가 필요하다는 생각을 하면서, 나는 여성 억압과 전쟁 행위warfare 사이의 공통된 특징과 현시적 양태를 인식하게 되었다. 동시대의 군사주의화는 여성의 평등 투쟁에 대한 억압을 비롯해서 여타의 반동적 추세들과 명백하게 관련되어 있었다.

사실 몇몇 페미니스트 평화 연구자들은 학제의 꽉 막힌 추론에서 빠져나와, 성차별주의와 전쟁 체제의 원인에 대한 실질적인 연구를 하고 있었다. 그들은 성차별주의와 전쟁 체제의 공통점, 그리고 성차별적 억압과 군사화 사이의 상호 연관성에 대해 연구했다.[1] 나는 이 두 가지 사안이 연결되어 공생하고 있을 뿐

---

1 1975~1983년에 내가 쓴 글들을 살펴보면, 내 생각의 진화 과정을 알 수 있다. 이 책의 참고 문헌에 들어 있지 않은 글들은 다음과 같다. "Debating the future," *Network, 8*(May/

아니라, 하나의 근본적 원인이 쌍둥이처럼 가시화된 것이라고 생각하게 되었다. 이들 두 사안은 별개가 아니라 한 쌍으로 봐야 한다. 또한 이들 사안을 파고든다고 지칭되는 연구, 교육, 정치적 장에서 동시에 같은 관심을 기울여야만 한다.

여성과 전쟁 그리고/혹은 페미니즘과 군사주의에 대한 실질적인 논의가 아직 풍성하진 않다. 그럼에도 이에 대한 중요한 연구들을 일별해온 사람이라면, 이 책의 일부는 두말할 것 없이 당연한 이야기의 불필요한 반복으로 보일 것이다. 하지만 성차별주의와 전쟁 체제 사이의 근본적인 공생 관계를 드러내려면, 몇몇 기존 연구의 결론을 이 책에서 요약해 보여주는 것이 좋을 듯했다.

나는 이 작업을 하면서 두 부류의 독자를 염두에 두었다. 우선 실제로 이 공통의 문제를 고심하는 이들, 그리고 내가 생각하기에 문제의 해결을 위해 중요한 협업을 할 수 있는 이들 말이다. 다시 말해 페미니즘, 평화, 세계질서world order[2]를 자기 중심에 두

June 1980); "Women anddisarmament: Traditional values in a transnational world," in *Women's contribution to peace*, ed. S. McClean (New York: UNESCO, 1981); "Researchagenda for a gender analysis of militarism and sexist repression," *International Peace Research Newsletter, 21* (February, 1983).

2 [옮긴이] 베티 리어든은 개별 주권국가를 아우르면서 전 세계적인 차원에서 통용되는 원칙을 모색했던 세계질서 연구를 자신의 관점이자 방법론으로 받아들였다. 이는 제1세계 중심의 사고에서 벗어나 제3세계의 관점으로 세계를 바라보려는 시도이기도 했다. 그런데 '세계질서'라는 개념은 지금의 독자들에게 낯선 데다가 '긍정적인 의미에서의 국제정치'와 일맥상통하는지라 이 책에서는 맥락에 따라 'world order'를 '세계질서'와 '국제정치'로 번역했다. 따라서 이 책에서 가리키는 '국제정치'는 주권국 간의 힘겨루기에 초점을 맞춘 것이라기보다는 자신의 국가를 넘어서 이상적이지만 평등한 세계 공통의 원칙을 만드는 것을 지향한다.

고 있는 연구자, 활동가, 교육가들이다. 나는 이들 사이의 건설적 협업이 전쟁을 종식시키는 데 지대한 공헌을 하리라고 믿고 있다. 또한 인간이 생존하려면 반드시 이들이 연대해야 하리라는 직관적 믿음을 품고 있다. 인간적인 사회를 건설하기 위해 인류가 새로운 단계로 진입해야 한다면, 이는 반드시 필요하다.

이후에 설명할 나의 결론에 이르는 데 영향을 준 네 명의 주요 인물이 있다. 내 생각과 추론의 시발점은 이르마 가르시아 차파르데트Irma Garcia Chafardet가 1975년에 제출한 논문의 연구 계획서였다. 여기에는 "진정한"authentic 남성성·여성성으로 성별화된 공격성이 어떻게 엄격한 성 역할의 사회화로 이어지는지, 그리고 이러한 왜곡이 육아와 인간의 성장에 어떤 영향을 미치는지에 대한 연구가 제안되어 있었다.

차파르데트가 초기에 고안했던 진정한(그리고 왜곡된) 남성성·여성성 개념은 지금 내가 남성적·여성적 가치라고 부르는 것을 긍정적인 것과 부정적인 것으로 구분하는 데 도움을 주었다. 긍정적 가치는 진정한 속성에서 유래하고, 개인적·사회적 측면에서 인간의 잠재력을 최대한 실현하는 데 도움이 되는 것들이다. 부정적 가치는 왜곡된 속성에서 유래하고, 인간과 사회의 발전을 억누르며 짓밟는 것들이다. 이 가치는 고정관념의 기저를 이루고, 차별과 억압을 합리화한다.

이후에 자세히 설명하겠지만, 지금 우리의 사회질서에서는 남성적·여성적 가치 모두 부정적인 측면만 지나치게 표출되고 있다. 그런데 부정적인 남성적 가치는 워낙 많이 강조되고 긍정적인 여성적 가치는 너무나 적게 강조되므로, 이 책 전반에서 그러한 한정적 형용사를 거의 쓰지 않으려 한다. 따라서 이 책에서 여성적 가치를 옹호하는 논의들은 오직 그것의 긍정적인 측면에만 국한되며, 남성적 가치에 반대하는 논의들은 오직 그것의 부정적인 측면에 반대하는 것이다.

내 초기의 고찰과 추론은 세계질서 연구의 영향을 받았다. 관점과 접근법을 비롯해서, 특히 글로벌 이슈와 구조적인 문제 사이의 연관성에 대한 통찰을 참조했다. 이 연구 덕분에 나는 전쟁, 인구와 빈곤, 환경 불균형처럼 세계 생존 위기와 관련된 요소들의 상호 연관성에 대해서도 관심을 가지게 되었다. 또한 가치의 차원, 특히 사회적 정의와 경제적 평등에 대해서는 세계질서 연구에서 가장 많은 영향을 받았다.

성차별주의와 전쟁 체제의 뿌리가 하나라는 사유는, 이탈리아의 정신과 의사 프랑코 포르나리Franco Fornari의 이론이 보강해주었다. 전쟁의 기원이 인간 정신에 있고, 모든 이들에게 전쟁에 대한 일정한 개별적 책임이 있다고 가정해야 한다는 당연한 귀결적 주장(1974)은 나의 기본적 추측을 학술적으로 정당화해주었다.

마지막으로 얀 오베르Jan Oberg는 군비와 군축 문제를 다루려면 구조적 폭력과 공생 관계를 맺고 있는 것들을 분석해봐야 한다고 주장해왔다(1981). 이렇게 본다면 군사화의 문제는 빈곤 및 억압의 문제와 따로 떼어놓을 수 없게 되고, 이는 성차별주의와 전쟁 체제 사이에 존재하는 관계의 종류에 대해 고려해야 할 선례이자 패러다임이 된다.

내가 세계질서 연구의 틀을 여기에 끌어온 것은 그것이 이 책을 집필하게 만든 두 가지 주요 관심사를 설명하는 데 가장 적절하기 때문이다. 그중 하나는 여성 인권의 실현과 함께, 공적 이슈를 제기할 때 여성의 관점이 필요하다는 사실이다. 나머지 하나이자 무엇보다도 중요한 관심사는, 핵무장 경쟁으로 인간 전멸의 가능성이 커지고 있다는, 바로 눈앞에 보이는 구체적인 불안이다. 나는 국제정치에 대한 연구가 경제적 평등, 정치적 역량 강화, 여성의 사회적 평등 등을 이끌어내는 데 도움이 되리라고 본다. 그러나 무엇보다도 이 책을 통해 내가 바라는 것은, 무장 경쟁을 멈추고 군사주의화되어가는 지구적 추세를 변화시키려 할 때 성차별주의가 주요 장애물 가운데 하나라는 통찰을 공유하는 것이다.

나는 페미니스트, 평화 연구자, 세계질서 연구자, 교육가 가운데 강한 확신을 품은 소수의 의견, 즉 페미니즘이 제기한 정치 이슈와 불평등한 사회규범이라는 맥락 속에서 문제들을 논해야만 목표에 다다를 수 있다는 의견에 동감한다. 이러한 확신을 함께하는 학자들(특별한 몇몇 남성, 그리고 사실상 이 분야의 거의 모든 여성)은 전쟁, 군비, 군사화 등의 이슈에 여성운동이 필수적이지는 않을지라도, 그것이 타당하다는 점은 인정하고 있다. 이러한 인정의 기저에는 생명을 보살피고 경쟁과 폭력을 넘어서야 한다고 생각하는 여성적 가치가 정책을 만들거나 전쟁을 폐지하는 데 필요하다는 가정이 있다. 또한 특정 여성 지도자들의 행동은 말할 것도 없고, 페미니즘적 가치를 익힌 더 많은 여성들이 정치의 과정에 존재하는 것만으로도 전쟁과 폭력 문제를 개선할 수 있다는 것이다(Brock-Utne, 1981; Reardon, 1975c). 호르몬을 바탕으로 여성보다 호전적인 행동을 보이는 남성의 경향을 연구한 생물학 논문에서 거의 동일한 주장이 등장한다는 점은 상당히 흥미롭다(Konner, 1982).

페미니즘의 자장에서 벗어나 있는(혹은 반反페미니즘적이라고도 할) 평화 및 세계질서 연구자들이 이러한 주장에 반박을 해온 적은 없다. 세계 여성의 10주년 동안 세 가지 주제에 대해서는 물론이고, 앞서 언급한 가정에 대해서도 립 서비스가 꽤 있어왔다. 하지만 몇몇 페미니스트를 제외하고는, 의식적으로 여성을 평화 및 세계질서 연구에 참여시키거나 해당 분야에 페미니즘적 시각과 이슈를 끌어들여야 한다는 주장을 옹호하는 평화 및 세계질서 연구자는 사실상 없다시피 했다. 이들은 대부분 여성 이슈를 평화와 관련한 주요 관심사를 빗겨나간 부수적 이슈로 보려 했다. 어떤 경우에는 여성 이슈가 군비경쟁과 군사화를 바꿔내는 데, 그리고 전쟁을 폐지하는 데 필요한 좀 더 중요하고 핵심적인 이슈에 집중하는 것을 방해한다고 여겼다. 심지어 몇몇 연구자들은 여성 억압이 전쟁 및 평화 문제와 결부된다는 생각을 공공

연히, 그리고 완강하게 거부했다(연구 기관의 관계자들이 커피를 마시는 자리에서 나누는 대화는, 종종 공식적 세미나 자리에서 나누는 대화보다 훨씬 노골적이었다). 반면 몇몇 페미니스트들은 성차별주의가 폭력, 특히 사회적으로 승인된 폭력의 근원이기에 국제정치에(폭넓게는 인간의 사회적 진화에) 가장 만연해 있으면서도 근원적인 문제라고 주장해왔다.

이 책에서 나는 성차별주의와 전쟁 체제가 하나의 공통된 문제라는 것, 즉 사회적 폭력이 상호 연관된 형태로 표출된 것임을 보이려 한다. 그 공통의 문제는 동시대의 정치·경제·사회 구조 가운데서 악화되면서 그 역할을 하는데, 이는 구조적 원인에서만 비롯된 것이 아니다. 오히려 문제의 근원은 인간 심리의 뿌리에 있으며, 인간이라는 과科, family의 다수가 각각 스스로 변혁의 투쟁에 참여해야 한다고 인식하기 전까지는 완전히 해소되지 않을 것이다.

포르나리는 개인으로서 우리는 모두 전쟁에 대해 어느 정도의 책임이 있다고 주장한다(Fornari, 1974). 나는 성차별주의에 대해, 우리 각자의 내부에 있는 근원에 대해 마찬가지로 어느 정도의 책임이 있다는 주장을 하려 한다. 정치·경제·사회 구조는 건축을 비롯한 여타의 예술 양식들처럼 인간의 상상과 경험에서 떠오르는 이미지로부터 유래한다. 우리에게는 사회심리적으로 구조의 영향이 깊이 드리워 있지만, 그 구조를 창조하고 변화시키는 것은 바로 우리 자신이다. 주요 변혁의 과업은 1960년대에

"주요 의제의 변화"[head changing]라고 불렀던 내부 투쟁이 성공할 때 이뤄질 것이다. 군비축소, 더 나아가 전쟁 폐지는 진정한 변혁 가운데서 일부를 성취하기 위해 나아가는 전이적 단계일 뿐이며, 이때 사회를 응집시키는 중심 요소인 폭력과 강압적 힘을 퇴치해야 할 것이다(Reardon, 1980).

이 책의 기저에 있는 가정들은 나의 예감,[hunches] 직관,[intuitions] 통찰[insights] 덕분에 만들어졌다. 사전에서는 이 세 가지 개념이 엄밀하게 구분되지 않지만, 나는 이 개념들이 사고 발전의 여성적 모드이자 단계라고 생각한다. 부디 이 책이 여성운동과 세계질서 운동 사이의 융합을 북돋우는 데 필요한 가정들에 대해 최소한의 간략한 개요라도 제공할 수 있기를 바란다.

군비축소의 주요 장애물이 정치적인 것이 아니라 사회심리적인 것이라는 사실은 평화 연구자들 사이에 이미 널리 공유되어 있다. 다시 말해 공격자 혹은 적을 앞에 두고서 무방비 상태로 있게 될지도 모른다는 두려움은, 개인과 사회 어디에서나 나타난다. 많은 평화 연구자들은 성차별주의와 전쟁 체제의 문제가 자연이나 본능이 아니라, 오히려 사회적인 조건과 후천적이면서도 심리적인 욕구에서 발생한다고 주장한다. 지금 이들은 사회적 길들이기와 학습된 행동을 자신의 연구 주제로 삼고 있다. 하지만 성차별주의와 전쟁 체제 모두를 충족시키는 심리적 욕구를 적절히 문제시한 사람은 많지 않다. 차파르데트와 포르나리의 작업은 이에 대한 관심이 부족한 상황에서 주목할 만한 예

성차별주의는 전쟁을 불러온다

외적인 경우이다. 이들의 작업은 정치·사회 기구들이 사실은 인간 정신이라는 심리적 구조물로부터 유래한다는 점을 고찰하고 있다. 급진적으로 제도를 바꾸려면, 즉 전쟁 폐지와 폭력 폐지를 동반하는 변화를 반드시 이끌어내려면, 그러한 심리적 구조물의 정체를 파악해야 할 것이다.

우리는 우리 자신의 사회적·문화적 환경을 창조해왔다. 그렇기에 그 환경을 바꾸려면 우리 자신을 이해해야만 한다. 우리 자신의 사회심리적 실제와 그것을 생산한 조건 및 경험을 이해함으로써 우리는 환경을 바꾸는 데 필요한 지식을 얻을 수 있다. 그러나 더욱 중요한 것은 그러한 이해가 긍정적인 변화에 대한 희망을 줄 수 있다는 점이다. 성차별주의와 전쟁 체제는 모두 문화적으로 규정된 것이고, 따라서 바꿀 수 있다. 콜럼비아 대학교 사범대의 동료인 패트릭 리^{Patrick Lee}는 이 책의 초고에 대해 다음과 같은 논평을 남겼다.

> 사회 문화적인 길들임은 생물학만큼이나 기저에 있는 것이지만, 생물학과 달리 그것은 비교적 짧은 세대를 거치며 변화할 수 있습니다. 어떤 형태로든 의미 있는 생물학적 변화는 수백, 심지어 수천 세대가 걸립니다.
>
> 사회 문화적이고 심리적인 특질이 본능이나 "자연"만큼이나 단단하게 보이는 것은 우리가 그렇게나 깊숙이 사회 문화의 (즉 우리가 스스로 창조한 것의) 피조물이기 때문입니다. "깊숙

이"와 "단단하게" 사이에는 간극이 있지요. 전자는 근본적인 문제이지만, 원칙상 상대적으로 급격한 역사적 변화에 열려 있습니다. 후자 역시 중요한 이슈이지만, 그 변화는 더딥니다(패트릭 리가 필자에게 보낸 편지에서, 1983).

인류의 뿌리 깊은 성차별 역사를 살펴보면, 사회적으로 유도되고 미리 규정된 성별 사이의 분리와 차이가 심리적 구조물의 매우 중요한 요소임을 알 수 있다. 그러한 심리적 구조물은 아마도 전쟁과 성차별주의를 비롯해서 폭력과 억압이 있는 모든 구조의 심리적 기원일 것이다. 수많은 페미니스트들은 남성에 의한 여성 억압이 구조적 억압 가운데 최초이자 가장 근본적인 형태라고 지적해왔다[페미니스트 인류학자들이 미출간 논문들에서 언급한 내용은 Reardon(1975c)을 참고하라]. 남자아이와 여자아이가 사회적으로 처음 접하는 타자, 즉 자신과 다르다고 인식하는 사람은 보통 자신과 다른 성을 가진 사람이다. 그리고 타자란 우리에게 위협적이고, 적이라는 생각을 불러일으키고, 공포를 자아내고, 결국 이들 때문에 실제로 전쟁이 일어난다는 것을 우리는 경험상 잘 알고 있다. 사회는 그러한 타자성otherness을 강화시키고 악화시킨다.

내가 생각하기에, 늘 우리가 두려워하고 거부하려 했던 것이 적으로 체화된다는 정신과학의 지적은 상당히 중요하다. 우리는 우리의 나쁜 영혼을 타자에게 투사하여, 우리 자신의 나쁜 영혼

성차별주의는 전쟁을 불러온다

을 퇴치하려는 것이다. 타자의 주요한 기능은 실제로 우리가 실현해낼 수 없는 다양한 욕구를 충족시키는 것이다. 이러한 욕구가 긍정적이고 좋은 것으로 인식될 때, 우리는 그 욕구를 충족시켜준 타자를 사랑하고 그들이 친절하다고 여긴다. 그러한 욕구가 부정적이거나 나쁜 것으로 인식될 때, 우리는 타자를 증오하고 경멸하며 우리에게 영향을 미치는 그들의 힘을 두려워한다. 그들에게 그러한 힘을 허락하고 나서야 우리는 우리 자신의 부정적 행동에 대한 책임을 저버릴 수 있기 때문이다. "남자의 인생을 망치는" 여성에게 요부 같다는 딱지를 붙이고, 성 구매자가 아닌 성 산업에 종사하는 여성을 법 앞에서 비난받게 하는 것이 이러한 과정의 고전적 실례이다.

우리는 보통 우리 자신의 죄를 물으며 타자를 처벌한다. 그러한 방식으로 사회는 범죄자와 적을 만든다. 이브는 "남성으로 대변되는 인류"에게 봉사하는 수많은 사람 가운데 최초의 존재였다. 우리는 지금껏 그 유명한 현자 포고^{Pogo}의 지혜("우리는 줄곧 적을 만나왔는데, 사실 그 적은 바로 우리야")를 배우지 못했기에,[3] 적은 늘 타자이고 그에 대한 두려움에 떨고 있다. 성차별적 사회와 전쟁 체제 모두 두려움을 촉발한 타자에게 폭력을 행사하거나, 폭력을 행사하겠다고 위협하는 능력을 통해 질서를 유지한

---

3 [옮긴이] '포고'는 미국의 풍자만화가 월트 켈리(Walt Kelly, 1913~1973)가 그린 네 컷짜리 연재만화의 제목이자 작품의 주인공이다. 필자의 인용문은 1970년 지구의 날을 기념해 제작된 공해 방지 포스터에 슬로건으로 사용되는 등 미국 사회에서 널리 회자되었다.

　　　　　　　　　　1장 | 성차별주의와 전쟁의 뿌리는 하나다

다는 것은 널리 알려진 사실이다.

　다수의 연구자들은 인간 종種으로서의 남성과 여성에 있어서 차이보다 공통점을 눈여겨봐야 하고 수적으로도 공통점이 훨씬 많다고 주장해왔는데, 이 점은 반드시 기억해야 한다(Lee & Gropper, 1974). 실제로 인간 종의 남녀는 다른 종들의 암수에 비해 훨씬 더 유사하다. 패트릭 리와 낸시 그로퍼Nancy Gropper는 레이 버드휘스텔Ray Birdwhistell의 주장을 인용해서, 짝짓기와 재생산에 필요한 남녀의 시각적 표식 차이는 관습과 사회화를 통해 만들어진다고 말한다. 반면에 인간이 아닌 다른 종들은, 똑같이 짝짓기와 재생산을 해야 하더라도 훨씬 더 알아보기 쉬우면서 타고난 것에 의해 암수가 구별된다.

　많은 연구들은 남녀 행동의 차이가 대부분 사회화 과정과 교육의 결과임을 보여주고 있다. 따라서 모든 인간은 어릴 적부터 남녀라는 인위적 분화로 인해 매우 깊은 파편화와 상실의 감정을 느끼며, 심지어는 태어날 때부터 한 무더기의 특성을 빼앗기는 상처(내가 원초적 상처라고 부르는 분열)를 입거나 그것이 트라우마가 된 것 같은 느낌을 받기도 한다. 트라우마와 고통의 감각은 타인에 대한 본능적 공포라고 알려져 왔던 것의 원천 가운데 하나일 수 있으며, 이를 통해 자연스러운 공격성이라고 불러온 것의 정체를 설명할 수 있을지도 모른다. 이러한 점을 바탕으로 성차별주의와 전쟁 체제 사이의 구조적 상호 관계와 공통의 정서적 뿌리를 인식하는 것은 상당히 중요하다. 둘 다 타자에 대한 원시적 두려움에 대단히 많이 기대고 있다. 국제정치를 논할 때 이러한 점은 반드시 고려해야 한다. 특히 평화로의 이행이나 사회 체제를 변혁하는 필요조건을 고민한다면 더더욱 그러하다.

구조의 변화를 모색할 때 이러한 정신적 영역을 항상 염두에 두진 않는다. 하지만 새로운 국제관계를 구축하려는 이들이 세계 변혁을 연구하고 이를 위한 정책을 수립하려 한다면, 이는 반드시 고려되어야 한다. 작금의 폭력적 힘을 중심으로 한 사회화 과정과 인간의 행동 모두를 변화시키려면, 새로운 국제관계를 구축하려는 이들이 주장하는 가치 변화에 더해 근본적인 정신적 변화 또한 필요하다. 국제정치학자들은 세계적 변화의 필수 요소로서 개인 내부의 변화에 대한 중요성을 인식해야만 한다. 군비축소의 길을 가로막는 근본적인 두려움은 사회질서에 투사된 개별 인간들의 두려움이기 때문이다(Fornari, 1974).

내가 내적 변화의 필요성을 역설하는 것은 사회적·정치적 결정 요소들이 무용하다는 주장을 펼치기 위해서가 아니다. 나는 진정한 변혁에 대해 논할 때 내적 변화의 필요성이 충분히 다뤄지지 않기에 이를 관철시키려는 것이다. 현재의 군비경쟁을 부추기는 공포는 분명 "인간의 사회구조로 조직"되어 "개인의 정신에 내사"內射, introject된 것이다(패트릭 리와의 대화, 1983).[4] 미국

---

4 [옮긴이] 가부장제 사회에서 개인의 분노는 성별화되어 나타나는데, 남성은 주로 자신의 분노를 외부, 즉 타인에 대한 폭력으로 드러내는 경우가 많다. 이를 '투사'(投射, project) 라고 하고, 여성이 분노를 자기 탓으로 돌리는 경우를 '내사'라고 한다

　　　　　　　　　　1장 | 성차별주의와 전쟁의 뿌리는 하나다

의 소비에트 공포증과 어린아이들의 핵전쟁 공포는 이에 대한 증거일 것이다. "인간의 개인적 특성과 사회적 특성은 상호 결정적"이기에, 평화 및 국제정치 분야에서는 앞으로 사회구조와 심리적 힘 사이의 상호작용을 이해하는 연구를 해야 할 것이다.

개별적인 전쟁 수행와 일상적인 성차별주의 실행이 학습되듯이, 변화는 물론이고 이행 역시 학습된다는 점을 되새겨야 한다. 전쟁과 성차별주의를 넘어서는 행동 역시 학습될 수 있다. 우리는 인간관계와 세계 정치체제를 변화시키는 의식적 학습 과정에 참여할 수 있다. 인간이라는 존재 앞에는 총체적 인간으로서의 가능성과 개인적 특성을 남성과 여성으로 나누는 투쟁이 놓여 있다. 이 "내부의 전쟁"을 어떻게 문제시하는가에 따라 변화의 질은 상당 부분 달라질 것이다.

성차별주의와
전쟁 체제란
무엇인가

핵심 개념의 정의,
그 개념에 담긴
가정에 대하여

이번 장에서는 '전쟁 체제', '성차별주의', '페미니즘', '세계질 서'라는 네 가지 기본 개념을 렌즈 삼아 성차별주의와 전쟁 체제 를 검토하고, 이와 관련한 **문제점과 이슈**를 살펴볼 것이다. 기본 개념마다 다양한 하위개념들이 있으며, 각각의 개념들에는 기본 적인 가정이 함축되어 있다.

여기에서 나는 몇몇 개념들을 정의한다. 이는 어떤 개념의 본 질적 의미를 주장하기 위해서가 아니라, 이 책에서 내가 그 개념 을 어떤 의미로 사용하고 있는지를 선명하게 드러내기 위한 작 업이다. 이러한 정의는 각각의 개념에 대한 나의 근본적인 가정 들을 선명하게 보여주고, 성차별주의와 전쟁 체제라는 두 현상 이 동일한 권위주의적 구조물의 집합에서 유래한다는 주장을 뒷받침하는 데도 도움이 될 것이다. 내가 정의한 개념들은 평화 및 페미니즘 관련 논의에서 다소 모호하게 널리 사용되고 있는데, 그 의미들이 앞으로 좀 더 깊이 고찰되기를 바란다.

전쟁 체제는 무엇이고, 어떻게 가부장제와 만나는가

나는 **전쟁 체제**라는 용어를 경쟁적인 사회질서라고 정의한다. 그것은 인간의 불평등을 전제로 하고, 권위주의적 원칙을 기반으로 하며, 강제적 힘에 의해 그 지위를 유지한다.

현재 이 힘을 통제·적용하는 기구들은 세계경제를 경영하고 국가 정무를 관할하는 소수 엘리트들의 지배하에 있다. 이들은 기본적으로 서구의 산업국가 출신 남성이며, 대개 서구적 분석 틀로 사고하도록 교육받았다. 엘리트들은 엘리트 구조 내에서 서로 경쟁한다. 하지만 이들을 하나로 붙들어주는 공통 목표가 있는데, 그것은 바로 자기 자신들이 펼치는 통제와 지배를 유지하는 것이다. 이 공통 목표를 기준으로 전체 엘리트들은 서로 어느 정도까지 합의하고 협력할지 결정한다.

한편 엘리트들의 실제 경쟁 상대는 세계 인구의 다수를 차지하는 대중들이다. 협박과 위협을 비롯해서 필요하다면 폭력적 강압을 동원해 엘리트들은 대중들을 통제한다. 때에 따라서는 물리력을 쓰는데, 폭력적 강압에 대한 비용을 줄이려고 그런 일

성차별주의는 전쟁을 불러온다

이 벌이기도 한다. 하지만 대개의 경우는 다수에게 충분한 수준의 복지를 제공함으로써 그들의 생산 역량을 유지시키려 할 때 이 힘을 활용한다.

한 사회의 생산 역량을 유지하려면 위계 구조 전반에 반드시 일정 수준의 하위 엘리트들subelites이 있어야 한다. 예컨대 위성 국가client states의 수반, 군 장교, 혹은 그들을 도와주는 여성favorite wives과 같은 이들이 인구 다수의 생산 기능을 매일매일 관리한다. 하위 엘리트들에게는 엘리트에 대한 봉사 및 체제 유지가 자신의 이익에 최선이라고 납득될 정도로 충분한 몫의 보상이 주어진다. 이 몫은 차출되는 다수의 비엘리트들nonelites의 것보다 훨씬 풍족하다. 많은 비엘리트들이 엘리트의 전통 신화, 정치 이데올로기, 문화 규범에 동조하며, 하위 엘리트들은 소수의 엘리트와 다수의 비엘리트 사이의 갈등을 유지시킨다.

힘을 적용하는 과정에서 하위 엘리트들은 가능한 한 어느 정도의 거리를 두고 있어야 한다. 실제로 그 힘을 집행하는 것은 이들이 아니라 좀 더 갈아치우기 쉬운 개인들이다. 국가 폭력을 모호하게 감출 필요가 없을 정도로 심하게 군사화된 나라들을 제외하면, 일반적으로 높은 지휘 계통에 있을수록 폭력적 힘의 실제 적용 및 개별 전쟁의 수행에서 멀리 떨어져 있다. 페르시아 황제들이 몇 마일씩이나 떨어진 언덕에서 전투를 조망했듯이, 오늘날 핵의 시대의 제국주의 수뇌부들은 비행기나 특수 지하 시설물에 몸을 숨긴다.

2장 | 성차별주의와 전쟁 체제란 무엇인가

전쟁 체제는 우리의 삶을 파고들어, 인간관계에서부터 구조에 이르기까지 사회의 전 영역에 영향을 미친다. 다수는 이 체제를 기꺼이 지지한다. 그런데 이러한 지지는 (이데올로기로 육성되고, 승자의 편에 오는 물질적 이익 등의 보상으로 강화되는) 근본적 신뢰에서 비롯하는 것이 아니라면, 두려움에서 비롯한다. 이때 두려움은 가능한 한 특정 엘리트가 통제하는 사회 단위 바깥에서 다가올 때 효과적이다. 하지만 위기나 기성 질서에 대한 위협이 전쟁 체제를 요구할 때면, 통제의 실제 원천인 엘리트들 자신도 종종 공포에 사로잡힌다.

　엘리트들은 지배 단위가 커질수록 경쟁자들을 무찌르고, 단념하게 하고, 필요하다면 경쟁자에게서 빼앗은 자원을 비엘리트 다수에게 복지로 제공하여 체제에 대한 지속적 지지를 끌어내는 능력을 더더욱 드러내야 한다. 또한 비엘리트 다수가 자신의 이익에 대해 무지하고 서로 고립된 채 있을 때, 그리고 엘리트들만이 제공할 수 있는 특권을 두고 경쟁하도록 부추겨질 때만이 엘리트에 대한 지지가 유지된다. 이러한 지지가 흔들린다면, 엘리트들은 공동선共同善을 파괴할 만한 외부의 위협이 있다고 다수를 설득해야 한다. 그렇지 않을 경우, 엘리트들은 위협적 힘을 증대시키거나, 심지어 강제와 폭력을 사용해서라도 대중들이 질서를 지키게 만들어야 한다. 체제는 존재하는 기간 내내 상당한 노력과 대량의 자원을 전쟁 및 전쟁 수행 역량에 지속적으로 투입한다.

나는 체제가 전쟁을 생산하는 것이지, 전쟁이 체제를 생산하는 것은 아니라고 생각한다. "문명"의 주요 요소(인간 정착지, 계획 농경, 국가, 남성 지배 등)와 함께 나타난 것처럼 보이는 권위주의적 가부장제는 그 자신이 생산하는 사회질서를 흔들리지 않게 잡아줄 전쟁을 발명해냈고, 지금까지 이를 유지하고 있다(Anonymous, 1967).

전쟁 체제, 혹은 포르나리가 사회적 제도social institution라고 부르는 것은 그 심리적 뿌리가 깊으며 특별한 정서적 욕구를 채우면서 작동한다. 이러한 사실은 아래 인용에 언급된 포르나리의 "위협자"Terrifier 개념에 잘 드러나 있다. 인간의 잠재성은 남성, 여성이라는 확연히 구별되는 범주로 절단되는 과정에서 혹독한 심리적 상처를 입게 된다. 내가 보기에 여기에서 유발된 트라우마라는 감각은 전쟁 체제라는 개념에도 일부 적용할 만하다. 포르나리는 전쟁에 대해 이렇게 말한다.

이 조직은 두 가지 안보 기능을 수행하는데, 일부분만 눈에 보이고 나머지는 바닷속에 깊이 잠겨서 드러나지 않은 빙산의 부분처럼 있을 것이다. 전자는 외부적 위험(예컨대 피와 살이 난무하는 실제 적의 위협)에 대해 방어하는 대응이다. 그리고 감추어진 후자는 피와 살을 지닌 존재의 위협은 아니지만, "위협자"라고 부를 법한 (예컨대 악몽에서 겪는 것과 같은) 절대 위험을 표상하는 공포스러운 환상의 존재들에 맞서는 무의식적 안보 전략으로서의 대응이다.

우선 정치적·군사적 층위, 즉 수면 위로 드러난 빙산의 일부에 대해 논해보자. 전쟁에 대한 가장 확실하면서도 일반적인 의견은 전쟁이 우리의 안보를 위협하는 적으로부터, 다시 말해 *외부의 적대 세력으로부터 우리를 보호한다*는 것이다.

이번에는 무의식을 탐사하기 위해 특별히 발명된 정신분석의 도구들을 활용해 살펴보자. 이때 우리는 물속에 잠겨 있던 빙산의 부분, 즉 전쟁의 보이지 않는 부분으로 남아 있던 안보 기구가 악몽과 유사한 내적이고 절대적인 적, 즉 "위협자"에 맞서왔음을 알게 될 것이다. 안보 기구는 *이 공포스럽고 궁극적으로는 상처 낼 수 없으며 불사에 가까운 존재를, 피와 살을 지닌 외적 상대로 변형시키는 책략을 통해 얼굴을 마주하고 죽일 수 있는 존재로 만들어냈고 이를 방어해온* 것이다.

전쟁과 관련한 이 두 가지 안보 체제 사이의 독특한 관계에 대해 잠시 멈춰 생각해보자. 전쟁이 곧 안보 기구인 이유는, 실제의 적으로부터 우리 자신을 방어해서가 아니라, *죽여야 할 대상으로 실체가 있는 적을 발견하거나 혹은 더 극단적으로 적을 발명해내기 때문*이라는 역설적 결론에 이르게 된다. 또한 전쟁이 아니었다면, 인간은 내부의 숙적으로 등장한 순수한 위협자 앞에 무방비 상태로 놓일 것이다(뒤에서 살펴보겠지만, 카나치족族에게 실제로 이런 일이 일어났다).

안보의 가장 중요한 기능은 외부의 적으로부터 우리 자신을 지키는 것이 아니라 *실제의 적*을 찾아내는 것이다. 이것이 바로 우리가 알게 된 놀라운 역설이다(Fornari, 1974, pp. xvi~xvii. 이탤릭체는 원문).

이 논의와 관련한 전쟁 체제의 하위개념들은 '전쟁', '개별적 전쟁 행위', '군사주의', '군사화'이다. 우선 **전쟁**에 대해 살펴보자. 전쟁은 법적 승인을 받았으며, 제도화되어 무장한 물리력이다. 국가는 지속적으로 사회를 통제하고, 공공의 목적을 추구하며, 사활적 이익vital interests을 보호하고, 분쟁을 해결하는 데 전쟁을 활용한다. 여기에 깔려 있는 가정은, 강제적 힘이 그렇게 바라 마지않던 조건들을 확보·유지하는 데 있어 전쟁이 궁극적이면서도 가장 효율적인 메커니즘이라는 것이다. 전쟁 외에 여타의 대안이 있을 수 있겠지만, 다른 모든 접근법들은 효율성의 측면에서 차선책으로 여겨진다.

국가의 "안보"는 그 국가의 전쟁 수행 능력에 달려 있다. 이런 이유로 전쟁은 법제화·제도화되어왔다. 또한 전쟁은 사회·경제 구조의 진화 속에 존재하는 상수常數였으며, 규제받아왔다. 이러한 전쟁은 시민들이 지지한다면 법률로도 보장받았고, 종교적 전통 속에 소중히 간직되었으며, 신화적 합리화 과정 및 과학의 도움을 통해 심리 패러다임으로 발전했다. 그리고 우리는 전체 인간의 경험 가운데 상당 부분을 그 패러다임을 통해 바라보게 되었다. 여기에서 가장 중요한 점은 정치적 엘리트들에게 전쟁의 활용이 독점적 특혜로 주어졌고, 국제법은 이를 성역화했으며, 종교 역시 이러한 특권을 축적했다는 것이다.

가부장제는 전쟁의 전개, 법률의 입안, 인간과 성스러운 존재 사이의 중재 등을 오직 남성 엘리트들의 권리로 보존하면서 그 핵심적인 신념 체계를 키워왔다. 동시대 페미니즘이 무력, 정부, 교회 등의 보루에 도전하는 것은 코페르니쿠스의 주장만큼이나 이단적이고(물론 남성 엘리트들의 정의와 판단에 따라 이단이 되는 것 이지만) 세상을 뒤흔들 만한 일이다.

이번에는 **전쟁 행위**에 대해 살펴보자. 전쟁 행위는 전쟁 수행 능력, 숙련 기술, 과학 등이 함께 만들어내는 복합체이다. 이 개념의 기저에는 무력 사용의 수단 및 메커니즘이 반드시 체계화 되어야 하고, 끊임없이 좀 더 효율적이 되어야 한다는 가정이 있다. 과학은 언제나 전쟁 행위에 복무해왔고, 기술은 깊이 전쟁의 영향을 받아왔다. 우리 시대에 과학 연구 및 기술 개발의 가장 많은 부분이 전쟁 조성의 역량과 전쟁 행위의 기법을 개선하는 데 투입되고 있다. 과학·기술 분야는 전통적으로 여성에게 닫힌 영역인데, 어떤 이들은 여성들이 이 분야에서 배제되는 데 전쟁 행위가 영향을 미쳤다고 본다(Chilchinisky, 1978).

한편 효율적인 전쟁 수행 수단을 과도하게 추구하는 가운데 전쟁 국가warfare state가 출현한다. 한 사회가 마주할 실제적인 혹 은 잠재적인 상대보다 훨씬 규모가 큰 전쟁 수행 역량을 줄기차 게 강조하면서 여기에 투입하는 가치와 자원을 늘려나갈 때, 전쟁 국가는 더더욱 만연해진다. 현재의 격화되는 군비경쟁은 그러한 사례 중 하나이며, 미국과 소련을 비롯한 여러 국가들이 이미 전쟁 국가의 단계에 들어섰다.

이번에는 전쟁 체제와 관련한 세 번째 하위개념인 **군사주의**를 살펴보자. 군사주의는 국가의 군사적 통제가 적법하다고 주장하는 신념 체계로, 여기에는 군사적 가치와 정책이 안전하고 질서 잡힌 사회에 도움이 된다는 가정이 들어 있다. 군사주의는 전쟁 행위와 강제력(국가 방위군과 민병대 등)의 사용 모두를 "국가 안보"의 관점에서 적법화해왔다. 가부장제와 전쟁 체제 사이의 관계를 고려할 때, 어떤 사회가 군사주의적이 될수록 그 제도와 가치가 더욱 성차별적이 되기 쉽다는 것은 놀라운 사실이 아니다. 페미니스트들은 나치 독일과, 좀 더 최근의 사례로는 칠레에서 이러한 관계를 지적해왔다.[1]

마지막으로 살펴볼 개념은 **군사화**이다. 군사화는 시민적 기능을 종종 군사적 권위에 이양하고, 군사적 가치·정책·방비 등을 강조하는 과정을 말한다. 여기에는 한 사회가 위기에 처하거나 위협을 받을 때, 군사력을 강화함으로써 이를 헤쳐 나갈 수 있다는 가정이 들어 있다.

군사화의 두 가지 중요한 지표 중 하나는 공적 비용이다. 그

---

1 [옮긴이] 1973년 칠레에서는 아우구스토 피노체트(Augusto Pinochet, 1915~2006)가 쿠데타에 성공하면서 군사정권이 들어서는데, 그의 집권이 16년간 이어지면서 칠레 사회에 군사주의의 그늘이 드리운다. 이 시기에는 반체제적 운동가, 지식인들을 대상으로 한 무차별적인 인권 유린이 자행되었으며, 여성의 권리도 명백하게 퇴보하였다.

가운데서도 특히 군사용으로 할당된 총비용의 백분율이 중요하다. 또 다른 중요한 지표는 정치 및 경제 문제와 분쟁에 대한 해결책으로 얼마큼의 군사 수단이 논의되고 활용되는지이다. 여성들이 이러한 정책의 결정 과정에 개입하기란 너무나도 어려우며, 사회적 비용을 감수하면서 증액된 군사적 지출이 대개는 여성들에게 부정적인 영향을 준다는 사실에 주목해야 할 것이다(Kelber, 1982). 그것은 빈곤의 여성화에 상당히 크게 기여한다. 루스 시버드Ruth Sivard는 세계의 빈곤층 가운데 다수가 머지않아 여성이 될 것이라고 전망한 바 있다(1982).

제2차 세계대전 이후 유럽과 미국 사회의 군사화는 여성운동과 평행해서 이루어졌다. 시기가 겹친다는 점, 그리고 페미니스트와 평화운동가들이 공유하는 가정 가운데 일부를 고려할 때, 이 두 현상은 우연 이상의 관계가 있을지도 모른다. 평등권 수정안이 좌초될 무렵, 사람들은 뉴 라이트의 영웅 필리스 슐래플리Phyllis Schlafly가 핵 동결 반대운동을 벌일 것이라고 보았다.[2] 당시에 뉴 라이트 세력과 격렬하게 대립했던 페미니즘 세력은 전쟁,

---

2 [옮긴이] 1982년 미국 연방 의회에서는 성차별 금지를 헌법에 명시하기 위해 남녀평등권 수정안을 발의한다. 이를 둘러싸고 보수와 진보 진영의 격돌이 벌어지는데, 미국의 변호사이자 보수적인 뉴 라이트 운동가 필리프 슐래플리(1924~2016)는 이 수정안에 반대하는 조직을 이끌며 페미니스트들과 대립한다. 결국 수정안은 좌초되고, 슐래플리는 이를 자축하는 자리에서 향후 핵 동결 반대 캠페인을 벌이겠다고 말한다. 핵무기를 둘러싸고 미국과 소련이 각축을 벌이던 냉전 시대에 이에 부응하는 활동을 하겠다고 한 것이다. 여기에서 필자는 슐래플리가 보여준, 페미니스트들의 남녀평등권 요구에 반대하는 입장과 군사 무기로서의 핵을 찬성하는 입장 사이의 연관성을 지적한 것이다.

전쟁 행위, 군사주의, 군사화 등 부정적인 남성적 가치로부터 파생한 개념들에 대한 전면적 안티테제를 기반으로 삼고 있었다.

군사주의는 남성의 사회적 기능을 구현하는 데 반드시 필요한 힘, 용맹성, 책임감 등을 함축해 **마치스모**^{machismo}[3]라고 칭하곤 했던 특성이 과잉된 형태로 나타난 것이다(Reardon, 1981, pp. 6~10). 군사주의적 개념과 가치는 국민국가 체제를 만드는 데 기본이 되는 패러다임인데, 국가에 내재된 구조와 실천으로서의 가부장제가 이를 유지시킨다. 따라서 국민국가 체제의 모든 측면에 성차별적 편향이 존재하며, 특히 모든 정치적 단위가 자기 보존에 필요하다며 써대는 바로 그 용어, 안보와 관련해서 이 편향이 더욱 극심해진다. 안보는 **군사적인 것**, 즉 "국가가 통제하는 조직적 폭력의 구조"(Enloe, 1981)를 생산하는 강한 추동력이다.

따라서 가부장제는 공사에 걸쳐 사실상 모든 인간의 기획을 결정하는 개념적 구조 가운데 가장 중요한 핵심이다.

> 가부장제는 제도의 지지를 받고 폭력적 위협으로 뒷받침되는 신념 및 가치의 집합이다. 그것은 남성과 여성 사이, 여성과 여성 사이, 그리고 남성과 남성 사이에 "적합"하다고 생각하는 관계들을 규정한다. 가부장제는 어떤 일을 "자연스러운" 남성

---

3 [옮긴이] '마치스모'는 에스파냐어로 수컷을 뜻하는 '마초'(macho)에서 비롯된 말이다. 거칠게 과시하는 남성다움을 가리킬 때 자주 쓰이며, 라틴아메리카에서는 페미니스트들이 "마치모스와의 싸움"을 슬로건으로 내걸기도 한다.

의 일로, 또 다른 일을 "자연스러운" 여성의 일로 만드는 구조를 강제한다. 그리고 남성의 일에는 항상 더 많은 가치와 의미, 보상을 부여한다. 가부장제는 개별 여성이 남성과의 관계를 통해서만 진실한 마음을 품을 수 있고 스스로를 보호할 수 있으며 정체성을 확립할 수 있다고 주장하면서 여성들 사이를 분열시키려 한다. (……)

결국 가부장제는 남성과 남성 사이의 "적합한" 관계를 규정하는 파괴적 구조이다. 대개의 사회에서 남성들은 매우 어린 시절부터 "남성적"일 수 있도록 가르침을 받고, "남성적"인 남성만을 존중하고, 서로 경쟁하고, 여성을 활용해 서로 간의 교환 양식을 만들도록 배운다. 또 서로 자신의 두려움과 연민을 숨기고, 자기 아들을 딸과 다르게 대하도록 배운다. 가부장제가 상정하고 있는 가정, 가치, 노동 분업 등 모든 측면들은 이미 가부장적인 사회에서도 가장 가부장적인 제도, 즉 군사적인 속성the military 속에서 결정화되어 굳어진다(Elster, 1981, 이탤릭체는 원문).

따라서 군사주의는 가부장제의 정수가 체현된 것이다. 사회의 군사화는, 통치의 **명시적이고 노골적인** 양상으로서 가부장제를 거리낌 없이 드러낸 결과이다.

성차별주의는 전쟁을 불러온다

페미니즘은 어떻게 성차별주의와 맞서왔는가

성차별주의는 서로 다른 역사적 시기와 문화 어디에나 존재하고 다양한 방식으로 나타나는 머리 여럿 달린 괴물이다. 이는 하나의 신념 체계로, 남녀의 신체적 차이가 너무나도 확연해서 성별에 따라 모든 사회적·경제적 역할이 결정된다는 가정에 기반해 있다.

성차별주의는 성별이 재생산 기능뿐 아니라 개인의 인생, 사회에서 담당하는 역할, 국가 및 공적 기구와 맺는 관계, 그리고 사회적 관계 전반을 결정하는 것이 정당하다고 주장한다. 이는 미묘한 몸짓과 언어에서부터 착취와 억압을 만들어내는 모든 행동, 가족 및 다국적 기업에 이르기까지 인간의 모든 제도에 나타난다. 성차별주의는 전쟁 체제만큼이나 복합적이고 구석구석 스며 있는 신념 체계이다. 극소수의 인간만이 전쟁 체제와 성차별주의라는 사회적 조건을 초월했을 뿐, 이를 벗어난 인간은 거의 없다.

남성이 생물학적·지적으로 여성보다 우월하다는 믿음은 성차별주의적 태도를 가늠하는 주요한 근거이다. 이러한 믿음은 여성의 예속을 합법화하면서 이를 유지하는 제도를 만들어왔는데, 여기에서 말하는 제도란 명백하게 일반적으로 수용되는 사회적·경제적·정치적 관습과 실천 그리고 법적 제도 전반을 가리킨다. 이러한 믿음은 결국 **남성 우월주의**^{male chauvinism}적 행동을 불러일으킨다.

남성 우월주의는 여성의 지위를 아버지와 남편은 물론이고 심지어 아들에게까지 종속시키는 것에서부터, 권력의 영역, 특히 정치 및 기술의 영역에서 나타나는 여성에 대한 차별과 배제에 이르기까지 공적·사적 삶의 모든 표면에서 작동한다. 여성운동의 어느 한 순간, 성차별주의의 주요한 발현 형태이자 그것의 핵심을 남성 우월주의라고 여기던 때가 있었다. 즉 성차별주의와 남성 우월주의가 동의어로 사용된 것이다. 하지만 이후의 연구와 고찰에서 명확히 드러난바, 성차별주의는 남성 우월주의적 행동이나 여성에 대한 정치적·경제적 차별처럼 명확히 눈에 보이는 측면보다 한층 복잡하고 깊은 곳에까지 뿌리내리고 있었다.

사실 남성 우월주의는 고통이 육체에 질병이나 기능장애를 알려주는 경고가 되어주는 것처럼 여성운동에 기여한 바 있다. 여성을 위한 많은 사회적·법적 개혁이 남성 우월주의에 맞서며 진행되었다. 아시아처럼 종교에 기반한 형태든, 유럽과 미국에서 남편과 사별한 아내나 이혼녀 등에게 행해진 사회적·경제적 형태든, 모든 사회는 사실상 아내 순장殉葬과 다를 바 없는 공공연한 여성혐오적 행동을 규탄하면서 그러한 법률들을 철폐해왔다. 사회 밑바닥에 자리한 뿌리 깊은 사고방식에까지는 두드러진 변화를 끌어내지 못했지만, 조직화된 정치적 노력을 통해 여성운동은 최소한 유엔 선언이나 법적 차별 금지와 같은 포괄적인 원

성차별주의는 전쟁을 불러온다

칙에 대한 공표에 이를 수 있었다.

남성 우월주의에서 비롯된 차별을 넘어서려는 시도들은 공정한 고용의 가이드라인, 교육 프로그램에서의 성별 동등성, 남녀 평등권의 입법화 등을 이끌어냈다. 이것은 제1세계 여성운동의 대표적인 정치적 의제였다. 반면 제3세계 여성운동은 개발 과정에 여성을 참여시키는 프로그램의 형태로 진행되었다. 이러한 운동들을 통해서 주요 차별의 한 형태인 배제를 뿌리 뽑으려 했건만, 차별의 기반이라 할 여성혐오와 여성에 대한 공포gynophobia에 관한 문제 제기는 충분치 못했다. 자신에 대해 총체적 권력을 틀어쥐고 있는 사람을 두려워하고 증오하는 것은 거의 필연적인 일이다. 이처럼 전면적 권력이 보편적으로 체현된 사례로, 어린 아이에 대해 그 어머니가 갖는 관계를 들 수 있다.

많은 페미니스트들과 일부 심리학자들은, 대부분의 인간이 여성에 대해 품고 있는 태도가 인질이 납치범에게 발전시키곤 하는 사랑, 증오, 두려움, 의존의 관계와 상당히 유사하다고 보았다(Chodorow, 1978). 타인이 자신을 전면적으로 통제하면서 속박하고 있다면, 재차 속박되는 것을 막아보려는 것이 일반적 반응일 것이다. "폭력적인 친구든 어머니든 간에, 잠재적인 납치범이나 폭군에게 취약해져선 안 된다"라고 우리는 답한다. "그런 이들이 잠재된 자기 기질을 드러내고 착취하게 내버려둬선 안 된다. 만일 여성이 권력과 영향력을 행사할 수 있는 곳에 가게 된다면, 물리적 생존을 위해 타인의 육체에 전적으로 의존할 수밖에 없었던 그때, 상대방에 대한 사랑에 자기 정체성을 맡겨야만 했던 그때, 타인에게 자신의 가치를 인정받고자 했던 그때 그러했듯이 여성들은 또 다시 우리를 노예화할지도 모른다."

두려움이 증오를 불러온다는 것은 심리학 연구들에서 관찰되었고, 상식으로 인정된 현상이다. "엄마 싫어!"라고 외치며 엄마에게 성질부리는 두 살배기 아이나, 아내를 구타하는 남편이나 모두 동일한 원초적 감정을 터트리고 있는 것이다. 여성혐오와 여성에 대한 공포는 남성 우월주의의 파괴적인, 하지만 남녀 모두 공히 이해할 만한 원인이다. 우리는 모두 의존적이었던 어린 시절에 무력함과도 같은 속박을 경험했고, 그러므로 남성 우월주의에 면역이 되어 있으리라고 기대하기 어렵다.

심지어 원초적 양육의 경험이 여성과 연관되어 있지 않을 때에도, 인간은 모성을 감상적으로 생각하기 때문에 일반적으로 어머니에 대해 사회적 차원의 적개심을 품는다. 대중의 감성은 어머니가 자신을 배신했다고 느끼는 아이들의 원망 앞에 여성을 세워두고, 일반적 역량을 넘어서는 이상적 이미지를 여성에게 투사한다. 인간의 심리 문제를 모두 어머니 탓으로 돌리는 프로이트의 이론은 물론 대중 심리학 이론조차 접해본 적 없는 사회적 취약 계층에게도, 어머니에 대한 적개심은 만연해 있다.

양육 방식이 새롭고 다양해진다면 사회적으로 통용되는 이러한 사고방식도 바뀌지 않을까 기대해볼 수 있을지 모르겠다. 태어날 때부터 남성 손에서 커온 아이들은 수없이 많지만, 여태껏 그런 아이들의 발달에 대한 연구나 체계적인 관찰은 거의 이뤄지지 않았다. 아버지의 양육이 아이의 심리에 어떤 차이를 만들어내는지 조명해본 적이 없는 것이다. 과거에 비하면 아버지들이 더 많이 아이들을 돌보고 있고, 여성이 아이의 성장 과정을 전적으로 책임지는 양육도 점차 줄어들고 있다. 새로운 형태의 양육을 체계적으로 관찰할 기회가 생기면서 어머니 역할,mothering 성차별주의, 공격성 사이의 관계에 대해 좀 더 적극적인 연구가 가능해졌다.

양육과 관련한 연구나 일을 하는 사람이라면 누구라도 알 것이다. 자기 자신을 바라보고 세계를 대하는 태도를 만들어가는 과정이 자신이 양육자와 겪은 경험과 깊이 관련된다는 것을 말이다. 사랑과 돌봄 또한 학습되는 것이다. 성차별주의와 전쟁 체제의 연계성에 비해 여성의 지위와 전쟁의 감정적 연계성은 비교적 확연하게 인식된다. 그런데 남성 우월주의와 폭력 및 성차별적 억압 사이의 관계는 깊이 연관되어 있음에도 모호하게 비쳐진다. 그래서 여성의 지위와 전쟁, 성차별주의와 전쟁 체제의 관계마저 감상적이고 사소한 것으로 만들어버린다.

남성 우월주의는 남성성과 여성성이라는 개념에도 영향을 미쳐왔다. 남성과 여성은 각각 남성성과 여성성을 가진 개인으로, 또한 사회적으로는 그 성별의 역할을 수행하는 사람으로 인식된다. 이때 남성 우월주의는 사실상 "남성"과 "여성"을 정의하는 역할을 한다. 즉 남성 우월주의가 말하는 "진짜 남자"real man가 남성성을, "진짜 여자"real woman가 여성성을 완성시킨다. 물론 이러한 속성은 사회적으로 규정된 것이다. 실제로 흔히 회자되는 성별의 속성이 신체적인 것과 연관되는 경우는 거의 없으며, 있다 해도 그것은 부차적이다. 물론 강한 근육질의 남성은 왜소한 남성보다 더 남성적이라고 여길 것이고, 육감적인 몸매의 여성은 마른 여성보다 더 여성적이라고 여길 것이다. 그러나 사람들이 일반적으로 진정 중시하는 남성과 여성의 속성은 행동과 관련된 것들이다. 공격적이고 단호한 것은 남성성과, 순응적이고 의존적인 것은 여성성과 연결된다.

남성성과 여성성을 규정하는 특징들의 범주에 대해서는 재론의 여지가 없다. 다만 여기에서 나는 남녀에게 각각 다른 행동의 형식을 부과한 것이 전쟁 체제의 여러 성격을 강화한다는 사실을 무엇보다도 강조하고 싶다. 이런 식으로 강화된 전쟁 체제의 특성에 대해서는 다음 절에서 살펴볼 것이다.

여기에서 가장 주목해봐야 할 두 가지 사안은, 대부분의 사회에서 여성에게는 충동을 금지시키는 반면 남성에게는 마음껏 공격성을 펼치도록 허락해준다는 것, 그리고 여성 사이의 경쟁 관계는 좌절시키는 반면 남성에게는 폭력을 써서라도 성공할 수만 있다면 경쟁해보라고 독려한다는 것이다. 물론 남성을 "차지하고" 남성에게 "매달리도록" 여성 사이의 경쟁을 독려하는 예외적인 경우도 있지만 말이다. 여성에게는 분노를 억눌러야 한다고 하지만, 남성에게는 분노를 행사하고 표출하는 것 또한 허용된다. 남성성과 남성 정체성의 발현으로서의 폭력을 독려하고, 심지어 승인해주는 행동들은 우리 사회의 에토스 전반에 깊은 영향을 주었다. 그러한 폭력은 "위대한 자질"로 칭찬받을 만하며, 심지어 미덕을 지닌 공적 행동이라고 여겨졌다.

남성의 폭력에 비해 그 연관성이 분명하게 드러나진 않지만, 여성적 특징, 특히 그 부정적 특징 또한 전쟁 체제를 강화한다. 어떤 사람에게는 의존과 복종이 받아들일 수 있거나 필요에 따른 행동이다. 얀 오베르는 전쟁과 군비경쟁의 관계에 대해, 그리고 경제적 착취라는 제도적 폭력, 즉 세계경제 체제에서의 지배-의존 요소들에 대해 인지해야 한다고 말한다(Oberg, 1981). 남성-여성 관계에서의 기본적인 지배-의존 행동은 전쟁 체제의 관리를 강화하는 요소 중 하나로 간주될 수 있다.[4]

출산과 양육을 비롯해 기술화 이전 사회의 특정한 생존 과정에서는 성별에 따른 일정한 역할 분담이 필요했을지도 모른다. 하지만 동시대인 산업사회에 경제적·정치적 이유로 그런 분담을 하는 것은 낡은 관행이라는 인식이 확산되고 있다(물론 여전히 젠더 불평등은 지속되고 있지만 말이다). 그런데 이러한 산업사회에도 사회심리적 차이를 여전히 자연적 결과로 보고, 조직적으로 바뀌거나 의식적으로 행동이 달라지지 않으리라는 믿음이 이어지고 있다. 이제 더 이상 "남성 구함", "여성 구함" 같은 공고

---

4 남성과 여성에 대한 사회적·행동적 구별은 앞서 언급한 내 논문들에서 자세히 살펴보았다(Reardon, 1980; 1981).

를 내보내지 않고 예전에는 남성의 전유물로 여겨지던 일자리에 여성들이 적극적으로 진출하고 있지만, 대개는 여전히 문화가 성별에 따라 지정하여 엄격하게 규정한 사회 행동과 심리적 기대에 묶여 있는 것이다. 여기에서 반드시 기억해야 할 것은, 이러한 행동과 기대가 질서, 안보, 국익 수호에 필수적인 것으로 인식된다는 점이다.

대개의 평화 연구자들은 문화가 폭력을 영속화하는 문제를 인식하고 있다. 그러나 문화가 엄격하게 규정된 성 역할을 강제하여 인간의 잠재성을 좌절시키고 공격성을 배양한다는 것, 그리고 그러한 성 역할이 사회적으로 승인된 폭력과 맺는 관계에 대해서는 아직 충분히 인식된 적이 없다. 즉 젠더와 전쟁의 관계는 여전히 미지의 영역이다. 성차별주의는 이처럼 남녀 모두에게 영향을 미치는 강제적 제도이기에 진정 문제가 되는 것이다.

성별에 따라 정체성을 부여하고 이를 통해 결정된 인간 속성의 집합, 그리고 성별에 따라 미리 규정된 사회적 역할, 이것이 바로 **성차별주의**이다. 이는 모든 인간의 자기 규정 및 자기 계발에 있어 성별 외의 것들이 얼마나 중요한지 인식하지 못하게 한다. 이렇게 보았을 때, 성차별주의는 양쪽 성 모두에게 동등하게 파괴적인 효과를 가져오고, 보다 통합적이며 인도주의적인 사회 질서를 개발하는 데 심각한 장애물이 된다. 또한 이는 전쟁 수행이라는 조직적 폭력, 그리고 경제적 착취, 정치적 억압, 사회적 차별 등의 구조적 폭력 모두를 운용하는 데 기여한다.

성차별주의의 상당 부분은 특히 남성 우월주의로 발현되며, 페미니즘은 이에 대한 응답이기도 하다. 동시대 페미니즘의 지적·정치적 뿌리는 근대 정치사상의 기원, 그리고 평등이나 보편 인권 같은 근대적 개념의 기원이 태동했던 계몽주의 시대에서 찾을 수 있다. 페미니즘은 가장 근본적 의미에서, 그리고 가장 충실한 의미에서 단어 그대로 여성의 평등권을 주장하는 인권운동의 한 부류이다. **페미니즘**은 여성이 남성과 동일한 인간적·사회적 가치를 지니고 있고, 생물학적으로든 문화적 파생에 있어서든 남녀간의 차이가 있을지라도 그것이 여성에 대한 차별의 기반이 되지 않고, 그래서도 안 된다는 믿음이다. 남녀 페미니스트 모두 여성은 온전히 인간이며, 그렇게 하나의 집단이자 개별 주체로 대해야 한다고 주장한다.

페미니스트들은 여성이 평등을 주장하기 위해 남성적 가치 및 행동을 채택하거나 표명하지 않아도 되고, 여성적 특성, 가치, 능력을 폄하할 필요도 없다고 주장한다. 여성적 가치는 인간 능력의 범주를 구성하는 중요한 요소 가운데 하나인데, 사회는 여성에게 이를 계발시키고 남성에게는 이를 위축시키기로 결정했다. 이에 페미니스트들은 여성적 가치를 여성이 배제되어온 정치·사회 영역에 도입하려 한다. 인지되기는 하지만 공개적으로 명확히 표명하기는 힘든 이러한 목표가 달성된다면 사회는 심대하게 변혁될 것이다.

동시대의 페미니즘은 전 지구적이면서도 매우 다채로운 현상이다. 사실 여성 억압과 차별에 대한 조건과 상황은 제각기 다르고, 그렇기에 그만큼의 상이한 여성운동들이 존재한다. 따라서 하나의 일반적 페미니스트 운동 혹은 여성운동이 있다고 말할 순 없다. 모든 여성운동이 페미니스트 운동은 아니다. 실제로 페미니즘은 사회 전체보다는 여성 단체 내부에서 격렬한 논쟁적 개념이었다. 그러나 페미니즘의 시도들이 일찍부터, 하다못해 현 시대의 초기에서부터라도 좀 더 심각하게 받아들여졌더라면, 지금 제기하는 심오하며 근본적인 이슈들이 더욱 논쟁적으로 논의되었을 것이라는 사실 또한 짚고 넘어가야 할 것이다.

여성의 권리에 대해서는 명시적인 법제화 노력과 특정한 유형의 적극적인 소수자 우대조치affirmative action의 경우에나, 공개적인 뚜렷한 반대가 조직되고 표명되고 있다. 성차별을 넘어서려는 대부분의 시도는 무시되고 조롱당해왔으며, 혹은 무척이나 미묘하고 너무나도 오랜 역사를 가지고 있으며 아주 뿌리 깊고 조용하기 때문에 여간해서는 알아채기 힘든 "성차별적 음모"의 술책에 저지당해왔다. 그 침묵은 페미니즘이 페미니스트로서, 혹은 여성 해방의 현수막 아래 그 입장과 목표를 드러낼 때를 제외하고는 쉽게 깨어지지 않는다. 페미니즘의 중심 개념을 구성하는 다양한 하위개념 가운데 다음 두 가지(여성 해방과 여성의 권리)는 가장 예리한 급진주의를 내포하고 있고, 무엇보다도 기성 질서에 위험한 존재로 인식되는 것들이다.

동시대 페미니즘의 공적 표현인 **여성 해방**은, 여성이 남성에 비해 영속적으로 열등하다는 생각에 사로잡히게 하면서 여성의 정치적·경제적·사회적 권력 행사를 배제하려는 구조의 차별로부터 여성들을 해방할 것을 요청한다. 여성 해방 지지자들이 남녀 간의 동일 임금이나 탁아와 같은 공적 이슈에 역량을 집중하는 것은, 곧 사회가 현 상태로 운용되는 데 여성 노동이 반드시 필요함에도 불구하고 여기에 돈 한 푼 쓰지 않는 걸 두고 보지 않겠다고 위협하는 것이다. 남녀를 불문하고 진정한 남성 우월주의자라면, 고용과 노동 전반에 걸친 전통적 남성성과 여성성의 정의에 문제를 제기하는 여성 해방 담론에 격렬히 반발할 것이다.

한편 여성 해방은 공적 분야에 전문가이자 기득권층으로 여성이 진출하는 것을 지향하는데, 이는 기본적으로 서구의 여성운동이 주도해온 것이다. 사실 여성 해방은 그 명명법과 전략 가운데 일부를 인종주의 및 전통적인 제국주의에 맞서 투쟁하던 억압받는 소수자와 식민지 민중에게서 빌려왔다. 그런데 그 전술과 특정 이슈의 측면에서 여성 해방은 제3세계와 정치적·문화적으로 거의 결부되어 있지 않다. 지독하게 불평등한 세계경제를 감안해본다면, 여성에게 과도한 특혜를 주는 경제적 평등 투쟁은 제3세계 여성에게 도리어 해로울 수도 있다.

여성에 대한 공정함과 평등은 페미니즘과 여성 해방, 그리고 어느 정도는 모든 여성운동이 품어왔던 기본적이고 근본적인 목표이다. 여성운동은 매우 단순하게 말하자면 공동의 목표

2장 | 성차별주의와 전쟁 체제란 무엇인가

를 성취하기 위해 조직된 여성들의 모임이다. 그러한 목표 가운데 일부는 근본적으로 여성에게 이득이 되겠지만, 이는 남녀 모두와 사회 전반을 위한 것이며 억압받는 집단을 위한 것이기도 하다.

그간 정치와 사회의 변화를 꾀하는 여성 조직들은 많이들 사회 전반을 위해 일해왔다. 실제로 일부 여성 조직에서는 (주로 젊은) 구성원들이 성차별적 억압만큼이나 빈곤층, 소수 인종, 개발도상국의 정치적·경제적 억압에 주목해야 한다고 주장해왔고, 이는 곧 여성 해방 및 페미니즘에 대한 격렬한 논쟁으로 이어졌다. 여성들 사이의 차이, 젠더와 여타 사회문제 사이의 관계는 페미니즘의 가장 핵심적인 주제이다. 또한 '생물학적 여성' 이외의 사람들을 포괄하는 여성 단체와 운동이 세계 전역에 존재하며, 이들은 모든 것이 온전히 페미니즘적이진 않을지라도 그 구성원의 신념에 따라 좀 더 인도주의적인 사회, 즉 억압과 착취보다 평등과 공정의 원칙을 따르는 사회를 만들기 위해 노력하고 있다.

한편 **여성의 권리**는 전통적인 시민권과 더불어 주로 여성의 재생산 기능, 양육 역할, "신체적 허약함" 등을 이유로 여성에게 주어져야만 하는 특별한 자격이라는 뜻을 내포하고 있다. 여기에서 여성의 주요한 기능은 가정의 관리, 출산, 양육인 것처럼 보이는데, 실제로는 여성에게 노동의 권리도 부여되었다. 이때 노동의 권리란 공식적 경제구조의 노동력으로 진입할 권리를 말한다.

이러한 노동 개념은 가정 경제의 영역을 확립하려 했던 19세기 운동의 주장 및 투쟁과 대립하는 것으로, 출산, 양육, 가사를 노동에서 제외한 것이다. 이는 여성의 노동을 공식적인 경제에 가치 있는 공헌을 하지 않는 것으로 간주하며, 언제나 기본적으로 보수 없이 행해지는 "비노동"을 여성의 책임으로 돌린다(Land, 1982). 따라서 여성이 자기 집 밖에서 노동을 할 권리나 정치적 절차에 참여할 권리를 행사하려 한다면, ("비노동"을 감수해야 하기에) 여성을 특별히 보호해주어야 한다. 이러한 이유로 여권 옹호자들은 6개월에서 1년에 달하는 여성의 유급 육아휴직과 같은 제도 마련에 그 역량을 모았다.

그런데 이러한 여성운동은 어머니 외에는 그 누구도 아이를 돌볼 수 없다는 가정을 바탕으로 기획된 것이다. 남성의 육아휴직 소송이 패소한 데서 알 수 있듯이,[5] 이러한 가정은 여간해서 사라지지 않을 것이다. 이것은 또한 모유 수유와 양육이 오롯한 사적 기능이며, 노동 및 공적 영역에서 다루기에는 부적절한 것이라고 생각하는 근본적인 여성혐오를 드러낸 것이기도 하다.

한편 여성의 권리 가운데는 직업과 관련한 보호조치들이 있다. 예컨대 여성에게 특정한 육체노동을 금한다거나, 폭력적인 남성의 공격을 피하기 위해 야근을 금하는 일 등을 들 수 있다.

---

5 [옮긴이] 미국의 경우, 캘리포니아주와 뉴욕주를 비롯한 몇몇 주를 제외하고는 아직까지도 남성의 유급 육아휴직을 인정하지 않고 있다.

이러한 보호조치 가운데 일부는 여성의 불평등을 영속시킨다는 점을 다른 데서 지적한 바 있다. 그것은 근본적으로 착취적인 체제의 겉모습을 슬쩍 바꾸는 것일 뿐이다.

여성의 권리는 또한 정치에 참여하고 공직에 출마하고 그 공직을 수행할 권리 등 서구에서 말하는 정치적 권리의 모든 부분을 포함해왔다. 여성의 참정권 운동은 여성의 정치적 권리를 인간의 근본적이고 보편적인 권리로 간주했다. 하지만 남성 지배 사회는 여성이 어머니와 주부로서 갖는 특별하고 근본적인 책임이라는 제약을 덧씌운 채 여성들에게 이 권리를 허락했다. 따라서 여권이라는 개념조차 인권의 제반 문제로 조명되기보다는, 인간이라는 종 가운데 "완전한 인간"인 남성들에게 주어진 회원권으로부터 여성을 분리하는 또 하나의 방법이 되었다. 게다가 여권을 인권과 별개로 여기는 것을 주저하던 페미니스트들마저, 가령 여성 정치범의 경우 여성이기에 더 잔혹한 처우에 놓일 가능성이 크다면서 여권을 특별한 사안으로 만들려 했다. 여성 정치범은 남성 정치범보다 관심을 덜 받기 때문이다.

이렇게 인권이라는 보편적인 문제로 여겨지는 것들의 표면에서조차 여성 이슈는 일반적인 인간의 이슈에서 분리된다. 물론 앞서 언급한 보호조치들은 여성에 대한 정치 및 사회의 배제 과정과 역사적 불평등을 보상하려는 시도이다. 그것들은 가부장제가 여성에게 강제했던 취약성을 완화하기 위한 것이었을지 모른다. 하지만 최근 몇 년간 이 보호조치들은 오히려 그 취약성을 견지하는 데 이용되었다. 평등권 수정안의 법제화에 맞서는 주요 논점 가운데 하나는 그 법안 때문에 여성에 대한 기존의 보호조치들이 철폐될 수 있다는 것이었다. 그러한 보호조치들이야말로 사실상 가부장제의 기반이다. 군비 조절 조치들이 상당한 무장 해제를 통해 군비경쟁을 유지하는 역할을 하는 것과 매우 유사한 방식으로, 특별 보호조치들은 여성과 어린이의 취약성과 착취 가능성을 영속화하는 데 영향을 미쳤다.

약하고 힘없는 이들을 보호 대상으로 간주하면서 그 대가로 그들의 권리를 제한한다면, 방어 체계의 상위 개념은 항시 남성 중심적 국가가 될 것이다. 즉 국가는 사회를 보호하는 대가로 공권력을 합법화하고 독점해왔다. 그렇게 되면 사회 구성원들은 더 이상 자신의 안전을 통제하지 않거나 통제할 수 없게 된다. 이러한 점이 검토되거나 문제시된 경우는 거의 없다. 남성들이 결정하는 "군축"을 통해 국가 내부의 무력 분쟁을 줄여낸 역사적 사례가 있긴 하지만, 그것이 국가들 간의 무력 분쟁을 줄이는 데 기여한 바는 없다.

그런 방식의 군축은 도리어 방위력을 꾸준히 증대시키는 가운데 국제적 폭력의 가능성과 긴장감을 높여왔다. 그리고 이제 국가가 시민을 방어하는 수준은 도를 넘어서 국가 자신이 전멸하는 위기에 처할 지경에 이르렀다. 이러한 방어에 소요되는 비용은 앞서 언급했듯이 무고한 이들, 진정 무방비 상태의 인간들, 즉 약자, 여성, 아동, 노인 등이 지불한다.

특별 보호조치는 여성의 권리를 기본적 보편 인권에 대한 여성들의 요구로 인식하지 못하게 가로막고, 여성 이슈를 정치 및 사회질서로부터 계속 고립시키는 분리의 기제로 작동한다. 이 분리는 또한 세계적 변화에 여성이 참여하는 것을 막아서는 중대한 장벽일 뿐만 아니라 세계적 변화의 성취를 가로막는 장벽이기도 하다. 분리와 배제는 성차별주의의 근본적 문제를 극적으로 보여주는 현상이며, 앞으로 살펴보겠지만 전쟁 체제의 지속에도 기여한다. 그러나 인권, 배제, 성차별주의, 전쟁 체제를 잇는 고리들은 그 존재가 모호하며 아직 제대로 검토된 바가 없다.

페미니즘, 특히 1970년대 미국의 래디컬 페미니즘은 좀 더 근원적인 이슈들을 문제시하려는 경향이 있었지만, 성차별주의의 가장 깊은 근원과 그 발현 형태에 대해서는 충분히 다뤄내지 못했다. 한편 몇몇 페미니스트들은 여성 문제를 인권 이슈로 봐야 한다고 주장하기 시작했다. 또한 일부 페미니스트 그룹은 성차별주의가 남녀 모두에게 부과한 부정적 효과에 초점을 맞췄다. 이들은 이러한 한계 지점으로부터 모든 인간을 해방시키는 것을 자신의 목표로 삼았다. 그러나 페미니즘은 드넓은 여성운동 가운데 일부이며, 주로 정치, 경제, 사회, 지식 일반의 영역에 여성의 시각을 개입시키고 여성을 참여시키는 데 관심을 갖는다.

억압받는 다른 집단들과 마찬가지로, 많은 여성들은 자기 자신의 이익이 지배 집단의 이익과 구별된다는 것을 알게 되었다.

이러한 생각이 잠재된 채 파괴적인 고착 상태가 지속된다면, 중요한 사회 변화가 지체될 수도 있다. 하지만 여성운동에 부침이 있었던 점을 염두에 둔다면, 이러한 고착은 있을 법한 일이다. 여성이 공정에 대한 이슈를 제기하는 것은 사실 두둔할 만한 일이다. 세계질서 연구, 평화 연구, 평화운동, 인권 캠페인 등이 여성 억압에 별다른 관심을 보이지 않았기에 더더욱 그러하다. 페미니스트들, 특히 현 단계를 넘어서야 한다고 생각하는 전문직 여성과 과학자 페미니스트들은 사회 전반에서와 마찬가지로 전문 분야에서 반페미니스트적이고 반여성적이며 여성에게 적대적인 태도가 만연한 환경을 자각하지만 이를 수용하면서 실제로 이 안에서 일을 해야만 한다.

스스로를 페미니스트라고 여기는 일부 여성들에게 반남성적 antimale 태도가 있다는 점 역시 인지되어야 할 문제이다. 이러한 태도는 가장 부정적으로 말하면 역逆인종차별주의reverse racism와 유사할 것이다. 만약 남성의 삶과 그들이 점유하는 이익에서 여성의 이익을 분리시키는 데만 관심을 기울이면서 계속해서 전략적으로 여기에 힘을 쏟고, 더 나아가 그 표층만을 드러내어 갈등에 휩싸이는 사회를 만들어낸다면, 이는 지극히 문제적일 것이다.

남성이 여성 억압의 유일한 창시자는 아니더라도, 대리인의 역할을 했다는 믿음에 기반한 이러한 반反남성적 태도는, 아이가 여성 양육자에게 전적으로 의존하게 되면서 싹트는 여성혐오와 같은 차원에서 이해해볼 수 있을 것이다. 아이의 발달 과정에서 어머니에 대한 거부가 그러했듯이, 이러한 분노와 적개심은 사실 페미니스트의 의식 형성에 중요한 역할을 하기도 한다. 이러한 현상을 만들어낸 조건이 이 현상 자체보다 훨씬 필연적이라는 점을 기억해야 할 것이다.

성차별주의와 그것이 키워내는 공격성을 뿌리 뽑으려면, 반여성적 태도와 반남성적 태도 모두를 직시해야 한다. 여성들이 느끼는 분노는 명시적 억압이나 억압받은 이들이 자신의 분노를 내부로 돌리도록 강제하는 사회적 규범이 아닌 다른 것으로 이해되고, 해소되어야 한다.

내가 생각하는 부정적 페미니즘의 또 다른 형태는 여성들이 남성화하려는 것으로, 이는 사회가 남성을 위해 마련해둔 업무 대부분을 여성도 할 수 있음을 증명하려는 과정에서 주로 나타난다. 흔히들 하는 "남자와 마찬가지로 일을 해낸다"라는 말은, 남성적 기준을 받아들임으로써 지배적인 남성 가치를 강화한다는 뜻이다. 나는 이러한 태도가 전쟁 체제에 대한 새로운 지지와 다를 바 없다고 생각한다. 남성적·경쟁적·공격적 성공의 기준을 충족시키려는 노력들은 남성의 세계라 할 수 있는 공적 영역에 진입한 여성들이 열어젖힌 가능성과 기준에 의문을 품게 해서 체제의 변화 가능성을 좁혀버린다. 또한 군사주의를 살찌우고 군비경쟁을 재촉하는 남성화 과정 안에 여성운동을 밀어 넣는 기회를 제공하는 것이기도 하다. 여성의 남성화 작업은 여성적 가치를 억압할 때 발생한 압력을 살짝 덜어내어 폭발을 피하게 하는 한편, 공적인 정책에서 여성적 가치가 미치는 영향에 대한 기본적 압력을 유지시키며, 사회질서를 인도적으로 이끄는 길을 가로막는다.

다수의 페미니스트들은 사회를 진정한 인간화의 과정으로 이끌려면 남성적·여성적 가치를 좀 더 균형감 있게 적용해야 한다고 말할 것이다. 각자의 긍정적이고 진정성 있는 속성으로 서로를 보완해야 하고, 남성의 지배와 여성의 속박으로 왜곡되는 현재의 조건은 상호성과 공정성으로 대체되어야 한다.

내가 이 책에서 전하려는 페미니즘의 개념은, 여성에게 대단한 감수성의 내재적 역량이 있다거나 여성이 더 도덕적 행동을 한다는 것이 아니다. 여성적 특성이 남성적 특성보다 더 인간적이거나 인도주의적이라고 가정하는 것도 아니다. 페미니즘은 억압의 반대항으로 인식되는 광의의 인본주의 요소 가운데 하나이다. 이는 성차별주의의 모든 형식과 그 발현된 모습에 반대하고, 그것을 해소하려 하고, 그렇게 하기 위해 여성을 인간 활동의 전 영역에 완전하고 공정하게 통합해야 한다고 가정하는 신념 체계이다. 더불어 그러한 통합은 전쟁 체제를 해소하는 데에도 필수적이라는 믿음 역시 품고 있다. 이것이 세계질서 연구가 공언하는 목표이다.

세계질서의 가치로 견주어본 성차별주의와 전쟁 체제

　세계질서 연구는 전쟁의 철폐와 평화롭고 인간적인 국제정치의 가능성을 탐색한다. 이 연구에는 페미니즘과 페미니스트의 관점을 평화 연구 및 평화를 위한 모든 정치투쟁과 통합할 수 있는 커다란 잠재력이 있다. 세계질서 연구라는 개념은 전 세계적인 문제에 대한 규범적 접근법을 제공해준다. 그것은 현 체제에 대한 대안, 즉 국제정치의 가치를 함양하면서 평화롭고 공정한 사회질서로 진화하는 데 필요한 열린 가능성을 가져올 대안들을 투사하고 평가한다. 세계질서의 진화는 평화와 정의를 평가하는 근본적 기준이며, 변화하는 세계 체제의 구조를 지탱하는 기본적 규범들을 보편적으로 향유하는 데까지 나아가는 과정이다.

　앞으로 설명하겠지만, 인도적 규범이나 세계 변화의 최소 기준을 살펴보면 이러한 가치들에는 페미니스트의 관점이 다소 결여되어 있다. 그러나 그것들은 평화와 정의의 안티테제, 즉 성차별주의와 전쟁 체제를 특징짓고 한데 묶는 **폭력**(생명과 안녕에 불필요하며 피할 수 있는 피해)과 **억압**(선택과 자기 결정 행사를 가로막는, 인간이 고안해낸 장벽)의 정도를 측정하는 기본 가이드라인을 제공한다. 이 지점을 분명히 보여주면서, 동시에 성차별주의의 종식 없이는 평화나 정의를 향한 실질적인 진보가 불가능하다는 점을 뒷받침하기 위해 세계질서의 가치를 간략히 검토해보고자 한다.

경제적 공정성, 사회정의, 생태적 균형, 정치 참여, 그리고 평화는 세계질서의 가치를 아우르는 다섯 항목이다. 이들 항목은 현재의 세계질서, 즉 전쟁 체제가 폭력과 억압으로 유지되고 있으며, 남성보다 여성이 더욱 체제의 희생자가 되고 있음을 보여주는 데 사용될 수 있다(Reardon, 1977b). 현재 이러한 가치들은 극심한 벽에 부딪히고 있는데, 이는 암시적으로 보자면 군사화의 증대 및 남성 우월주의적 백래시가 지속될 수 있는 조건이 위기에 처하면서 권위주의 시스템이 보이는 징후적 반응일 수 있다.

전쟁 기계가 얼마나 경제적 공정성을 무너뜨리고 있는지는 루스 시버드가 매년 편집·발행하는 보고서인『세계 군사 및 사회 지출』*World Military and Social Expenditures*에 명확히 기록되어 있다. 1983년 보고서에 실린 데이터를 살펴보면, 군비 지출의 결과 전 세계의 빈곤이 크게 늘어났음을 알 수 있다. 이 일련의 보고서는 군사정권의 수에서 드러나는, 걱정스러울 정도로 증가하고 있는 군사화의 추세 또한 기록하고 있으며, 이를 통해 공공 지출이 군사주의의 지표라는 주장이 확인되는 바이다.

전쟁 체제에서는 경제적 공정성이라는 가치가 좌초될 수밖에 없다(Melman, 1974). 전쟁이란 그 본질상 낭비적인 것이다. 포르나리는 낭비와 전쟁의 심리적 뿌리, 그리고 냉전과 군비경쟁의 연관성에 대해 지적한 바 있다(Fornari, 1974). 그는 "영구적 전쟁경제"의 심리적 원인과 전쟁 체제의 위협 기능에 대해 다음과 같은 통찰을 보여주었다.

전쟁의 경제적 동기는 (……) 그것의 파괴적 기능을 합리화하고 모호하게 하는 역할을 하는 듯하다. 여기에서 말하는 파괴적 기능은 (전쟁의 경제적 측면을 엄숙한 탕진 및 파괴의 축제, 포틀래치로 보았던 가스통 부툴Gaston Bouthoul의 연구에 근거하자면) 궁극적으로 남성의 사도마조히즘적 우주로까지 거슬러 올라갈 수 있는 것처럼 보이기도 한다(Glover, Garma, pp. 20~21).

냉전에는 포틀래치 혹은 (마르셀 모스Marcel Mauss와 조르주 바타유Georges Bataille가 말하는) 경쟁적 증여의 모든 특성이 내포되어 있다. 포틀래치는 한 부족의 족장이 경쟁 부족에게 보내는, 상당한 가치가 있는 과시적 선물이다. 이러한 경쟁적 선물은 선물받는 사람을 창피하게 하고 그에게 도전하면서 의무감을 느끼게 하기 위한 것이다. 그리고 선물을 받은 사람은 굴욕감을 뒤로한 채 그 도전을 받아들임으로써 의무감을 충족시켜야 한다. 나중에 더 넉넉하고 값어치 있는 포틀래치로 되갚아줘야만 하는 것이다. 다시 말해 선물을 받는 사람은 이자를 더해 그 선물을 돌려줘야 한다.

그런데 포틀래치는 단순한 선물이 아니다. 포틀래치의 가장 인상적인 형태 가운데 하나는 엄숙한 **부의 파괴**이다. 한 부족의 족장이 상대편 부족 앞에 나아가 그들이 보는 앞에서 몇 명의 노예를 죽인다. 그러면 상대편 부족은 반드시 더 많은 수의 노예를 죽여 되갚아야 한다. 이렇게 볼 때 포틀래치는 과시적 파괴 행위로, 그 목표는 **상대편을 겁박함으로써** 궁극적으로 공여자 혹은 파괴자의 권위를 세우는 것이다. 현재의 광적인 군비경쟁은 적대 관계에 있는 양쪽이 막대한 부를 군비에 쏟아부음으로써 상대방을 겁박하고 자신의 우월성을 증명하는 낭비-도전의 순환인 것처럼 보인다(pp. 18~19, 이탤릭체는 원문, 강조는 필자가 추가).

공공 지출이 여성의 이익과 복지에도 관심을 기울인다는 점을 감안한다면, 미국의 경우는 군사주의와 성차별주의가 평행하게 발전하고 있음을 보여주는 사례일 것이다. 예산 절감이라며 벌이는 최근의 행태, 즉 경제·사회 분야의 예산을 군사 분야의 예산으로 돌려버린 결정은 여성들에게 최악의 결과를 가져왔다(도움이 필요한 아이들, 소수자, 노년층 또한 타격이 컸으며, 이 가운데 적어도 절반은 여성이다). 빈곤선에 놓인 여성 가장 가구의 수는 최근 몇 년간 극적으로 증가했다. 여성과 남성 사이에 존재하는 59센트 대 1달러의 임금 격차, 그리고 8시간 대 16시간의 노동 시간은 이들 사이의 경제적 격차를 단적으로 보여주면서 오랜 동안의 여성 차별을 명백하게 드러내는 보편적 지표인데, 이는 광범위하게 기록된 바 있다(ILO, n.d.).

한 사회가 제공해야만 하는 모든 혜택에 접근할 때의 공정성을 '사회정의'라고 개념화한다면, 군사화는 이러한 혜택을 제한할 뿐만 아니라 그 혜택이 빈곤층에게 덜 돌아가게 만든다. 또한 (군수품에 대한 경비의 초과 지출처럼) 혜택의 분배를 왜곡하며, 군사 분야와 군사적 준비 및 생산과 관련된 이들에게 편파적으로 혜택을 제공한다는 점 또한 관찰 과정에서 드러날 것이다. 군사화는 군사 산업에 특정 자원에 대한 우선적 접근권을 주고, 정책을 수립할 때는 (가령 석유 배분이나 금속 채굴 등에서) 군사적 선택 사항과의 결합을 늘려 나간다. 군사화는 이러한 방식으로 특정 자원을 (군사적으로든 비군사적으로든) 전략적으로 분배한 뒤 다중이 사용하게 한다.

그 밖의 방법으로는 학비를 감당하기 어려운 이들, 즉 사회적 혜택을 누리기 힘든 이들에게 군 복무를 통해 고등교육을 받게 하거나, 방위 관련 연구를 하는 과학자들에게 연구 기금 수령의 기회를 넓히는 등의 경우가 있다. 이는 특히 계급 구조를 갖춘 군대에서 두드러진다. 대부분의 장교들은 출신 배경이 좋고 지휘관의 경우는 더더욱 그러한데, 그럼에도 가난한 소년들이 군대에서 성공해 출세하는 경우가 있다는 점을 인정해야 할 것이다.

인간의 모든 활동은 사실상 대안적 가능성 가운데서 무언가를 선택해야만 한다. 그런데 세계질서 및 대개의 사회과학적 기준으로 볼 때, (선천적으로 혹은 기타 상황 때문에 통제권이 없어서 사회적 혜택에 대한 접근에서 배제되는) **부정적 차별**(Reardon, 1997a)은 사회의 부당함을 나타내는 가장 극명한 지표이다.

전쟁 체제의 군사주의적·성차별주의적 규범은 전쟁 체제의

성차별주의는 전쟁을 불러온다

특징인 부정적 차별의 형태로 명백히 드러난다. 페미니즘과 세계질서의 렌즈를 통해 표준적인 차별 양상들을 바라보면, 가장 많은 혜택을 받는 것은 전쟁 수행 역량이 탁월해보이거나 전쟁 창출 역량에 필수적인 용역을 제공하는 집단이라는 사실이 드러난다. 과거에는 전략·지휘 분야의 엘리트들에게 주어지던 특권이 이제 과학기술 분야의 엘리트들에게 주어지는 현상은 후자의 범주이다. 이 범주에서 많은 과학적 시도들이 전쟁 체제의 목적에 맞춰 왜곡되어왔다. 전쟁 행위가 전투 기술에서 과학으로 전환된 것은 역설적으로 보자면 과학기술의 경쟁보다 전투 상황에서의 계획, 명령, 지휘 역량에 더 많이 의존했던 전통적 차별 양상들에 전쟁 행위가 침투해 들어간 것인데, 이렇게 된 데에는 그 이유가 있다.

사회 체제는 기본적으로 전쟁 체제이다. 이 사실을 받아들일 때 비로소 전투적 유용성이 인간 집단의 사회적 가치에 대한 기본적 기준이라는 점을 알게 된다. 이렇게 볼 때 말 위에 올라타 국기를 들 자질이 있는 장교를 양성하거나 총알받이 보병을 키워내는 것은, 지배적 인종 출신의 여성보다 소수자 남성이 훨씬 더 쉽게 군대, 직장, 산업계에서 혜택과 특권을 누리는 것과 동일한 현상이라는 사실이 설명될 것이다(복잡한 카스트 및 계급 구조의 사회에서는 예외가 있기 마련인데, 특히 영국인과 인도인 사이에서 태어난 여성들과 라틴아메리카 여성들이 그러할 것이다. 심지어 이들 여성은 일에서 성공을 거두었을지라도 여전히 미묘하게, 감정적으로

　2장 | 성차별주의와 전쟁 체제란 무엇인가

매우 비싼 대가를 치르는 사회심리적 차별에 묶여 있게 된다).

전통적으로 여성들은 전쟁 체제에서 개별적인 역할을 수행해왔는데, 이는 산업 경제에서도 수행했던 것들이다. 정치적 관점으로 사회를 분석할 때, 노예제, 인종차별주의, 성차별주의 등은 기본적으로 값싼 노동력을 제공하면서 그 재생산을 보장하는 수단으로 설명할 수 있다. 이와 마찬가지로 페미니즘적 관점으로 국제정치를 분석해본다면, 이것들은 총알받이의 생산과 재생산에서 파생된 문제라고 할 수 있다. 이러한 분석은 피상적으로 인종차별주의와 성차별주의를 거부하는 것이 어떻게 야전 전투에서 기술적 전쟁 수행으로의 전환으로 이어졌는지, 그리고 전통적 무기 체계보다 핵무기를 강조하는 방향으로 전략이 바뀌었는지를 설명해주기도 한다. 인구 증가는 오래전부터 이미 유리한 전략이 아니었으며, 기술적 전쟁 수행은 더 이상 총알받이를 필요로 하지 않는다.

군사주의와 성차별주의 사이의 강고하고 뿌리 깊은 역사성은 장애인과 동성애자에 대한 차별에서도 드러난다. 후자의 경우, 특히 악의적인 여성 공포의 형태로 나타난다(뒤에 설명하겠지만, 기초 군사훈련에서 여성혐오의 주입은 필수적이다). 특히 남성들만 있는 환경에서 간혹 보이는 동성애적 행동은 용인될 뿐더러, 감옥 및 기숙학교와 같은 곳에서 그런 행동이 사회적 낙인이 되는 경우는 거의 없다는 점을 유념해야 한다. 그러한 행위 때문에 감옥에서 추방되는 일은 결코 일어나지 않았으며, 학교에서 쫓겨

성차별주의는 전쟁을 불러온다

나는 경우 또한 드물다. 반면에 군대는 그렇지 않은데, 그것이 도덕적 이유나 전통적 보수주의 때문이 아님은 분명하다.

여성 공포는 군사적 사회화 과정에 필수적이며, 그럴 만한 이유도 있다. 이성애 관계처럼 동성애 관계도 자기 스스로를 사랑하는 것만큼 혹은 그 이상으로 사랑하는 이를 돌보고 종종 그의 안녕을 위해 위험을 무릅쓰며 희생하는 것과 같은 지극히 여성적인 특성을 키워낼 위험이 있다. 나의 다른 글(Reardon, 1981)에서 관찰한 바 있지만, 이는 영웅이 될 수 있는 요소이지 군대를 운영하는 방식은 결코 아니다. 복종에 의존하는 그 어떤 기구에서도 이를 용인할 수 없을 것이다. 전투에 임하는 남성들이 "다정한 동지"의 행복에 지나치게 몰입한다면, 임무에 집중하지 못할뿐더러 아마도 그들의 용맹함 또한 덜해질 것이다.

이러한 논의를 통해서 동성애에 대한 군사적 차별을 지지하려는 것은 아니다. 남성 동성애자가 여성보다 전통적이고 근대적인 남성 역할을 수행하는 역량이 떨어진다는 뜻도 아니다. 남성 동성애자가 전우들에게 보여준 보살핌과 인간적 연민을 무시하자는 것 또한 아니다.

오히려 이 논의는 군대를 비롯한 권위주의적 사회 전체에서 성차별적 억압의 주요 원인으로 간주되는 것, 즉 인간의 돌봄 역량에 대한 깊은 공포(Rivers, 1982)를 비춰 보이기 위한 것이다. 그간의 권위는 돌봄과 염려를 사적이고 여성적인 영역에 주로 한정시켜왔는데, 이 논의는 그러한 권위를 무비판적으로 수용해

오던 관행에 위협이 될 것이다. 또한 (경제적 공정성은 항상 그렇지 않지만) 일반적으로 사회정의가 권위주의 사회에서, 특히 군사주의 사회에서 그 우선순위가 밀리는 이유이기도 하다.

돌봄과 염려는 구조와 규칙보다는 인간과 관계를 지향한다. 구조나 규칙이 사람들에게, 특히 (친구, 가족, 부양가족 등) 자신과 관련된 사람들에게 해를 끼치는 것처럼 보일 때, 여성적 관점은 그 구조와 규칙을 우회하게 한다(Gilligan, 1982). 구조와 규칙에 대한 무비판적 학습은 권위주의에 필수적이다. 사회정의는 인간의 확고한 경험으로 개인적 차원에서 이해되고 묘사될 수 있기 때문에 인간에 대한 존중에 더 의존하고 있으며, 완전무결한 정의보다는 덜 추상적이다. 그러나 일반적으로 권위주의는 인간적 차원에서 언급되는 사회정의의 문제를 무시한다.

한편 사회주의를 지향하는 권위주의 정부에서는 사회정의의 문제가 흔히 경제적·구조적 문제로 번역된다. 그래서 여성과 소수자들이 여전히 다른 형태로 억압받기 쉽지만, 절망적으로 빈곤해질 가능성은 적다. 하지만 경제적 혜택은 보통 경제적 기능(즉 공장 노동자, 교사, 부양해야 할 어린이 등)에 따라 정의되는 추상적인 범주로 간주되고 배분된다. 영리한 권위주의 국가들은 때때로 돌봄의 이미지를 드러내 보이기도 한다. 이런 경우, 여성적 이미지나 "헌신적 아내와 배우자"의 이미지로 권위가 표출될 때 훨씬 효과적이다. 이와 관련한 최근 사례들은 상당히 많은데, 에바 페론Eva Perón이 그 극명한 사례일 것이다.[6]

돌봄과 염려는 생태적 균형의 가치에 있어서도 본질적인 것이다. 어찌 보면 이러한 가치야말로 세계질서적 접근법의 진정한 탁월함을 보여준다. 다른 접근법들에 비해 이 접근법은 진정 세계 체제는 물론이고 현재 작동하는 체제의 차원에 대해 포괄적인 이해를 제공하기 때문이다. 생태적 균형의 가치는 또한 자연에 대한 경의를 표할 때 비로소 추구할 수 있는 생명을 긍정하며, 관계성에 기초한 가치이기도 하다. 이 모든 특성을 고려할 때, 생태적 균형은 세계질서 연구를 이끄는 다섯 가지 가치 가운데 유일한 여성적 가치라고도 할 수 있다.

여성적 가치는 남성적 가치보다 더 개인적이며, 덜 추상적인 경향이 있다. 이는 남성적 가치가 요구하는 제도적 가치들보다 개인적·인간적 지표들에서 더욱 명확하게 드러난다. 모순처럼 보일지 모르겠는데, 여성적 가치는 남성적 가치보다 신체의 감각에 있어서 더 육체적이다. 이는 서구 문화가 의심의 여지없이 생산해온 육체-정신의 이분법, 즉 남성적·여성적 젠더 속성에 따라 여성을 남성으로부터 분리해온 이원주의의 한 측면이기도 하다. 이러한 분열은, 일련의 인간 특성 가운데 정신을 남성이라는 절반에, 육체를 여성이라는 절반에 부여한다. 궁극적 창조자

---

6 [옮긴이] 에바 페론(1919~1952)은 1940년대 중반에 아르헨티나의 대통령이었던 후안 페론(Juan Perón, 1895~1974)의 아내로, '에비타'라는 애칭으로 잘 알려져 있다. 가난한 집안의 사생아로 태어나 퍼스트레이디가 된 그녀는, 대통령에 당선된 남편을 설득하여 히틀러의 국가사회주의를 본뜬 '페론주의'를 기치로 내걸었다. 그녀는 파격적인 복지 정책을 내놓으면서 '국민들의 성녀'로 칭송받았으나, 무리한 군비 증강과 사치스러운 생활, 부정부패 등으로 비판을 받기도 한 인물이다.

인 신은 남성적일지 모르지만, 생명력과 성장의 원천인 대자연 어머니는 여성적이다(이 원초적 여성인 어머니는 독립적인 신으로 받들어졌고, 때로는 초기 인간 문화에서 남성 신들과 함께 높은 위치에 놓이며 신성화되기도 했다).

모든 생물학적 기능들 가운데 가장 근원적인 기능인 출산 역량 역시 여성성의 주요 특성으로 여겨졌다. 그것은 또한 "운명으로서의 생물학" 신드롬을 낳은 요소였으며, 여성들은 지적 의사결정의 기능들에서 배제된 채 사실상 무력한 "여성 환관"의 자리에 놓였다(Greer, 1971). 그러나 그 덕분에 여성들은 지금 독특한 사고 과정이라고 인식되는 포괄적 사고의 특별한 형태, 즉 직감을 가능케 하는 자연 및 다른 미스터리들과 특별한 관계를 맺게 되었다.

생태적 균형에 대한 위협은 세계질서와 관련한 여타의 문제들에 비해 "남성"과 자연 사이의 이분법에서 비롯된 파괴적인 결과를 잘 드러내 보여준다. 인간 종족은 이 이분법을 통해 자연 환경에 맞서며 말 그대로 전쟁을 벌이기에 이르렀다. 무기 개발, 실험으로 인한 자원 고갈, 대기오염 등의 사례를 본다면, 전쟁 체제가 어느 정도까지 대자연 어머니를 살해하고서 지탱해왔는지 알 수 있을 것이다.

생태 파괴는 그 본질상 여성혐오적이다. 그것은 일부 페미니스트들이 주장하듯이, 남성적 힘이 죽음을 불러들이고 여성적 힘이 생명을 불러온다는 식의 관념의 한 사례가 아니다. 오히려 그것은 여성적인 것을 통제하고 지배하려는 남성적 충동이 양산해낸 또 하나의 결과일 뿐이다. 대부분의 남성들, 그리고 일부의 여성들이 이러한 충동을 품고 있는데, 이는 남성의 규칙을 대규모 사회에 투사하는 것이다. 지구 환경의 파괴는 행성의 죽음을 초래하는 유린의 과정을 표현하는 가장 적합한 은유이다. 따라서 지구의 운명은 태초 범죄의 정점으로써 살해당해온 그 수백수천의 강간 피해자들과 같은 운명을 맞이하게 되는 것이다.

이번에는 정치 참여라는 가치에 대해 살펴보자. 이에 대한 평가를 통해 우리는 현재의 세계질서가 권위주의적이며, 국가 안보를 지키는 데 반드시 필요한 군사화 과정을 거치면서 더더욱 권위적이 되어가고 있다고 주장하기에 충분한 억압이 세계 정치의 구조 속에 있음을 발견할 수 있다(Crahan, 1982). 군사화와 정치적 억압 사이의 연관성은 여기에서 짧게 언급할 필요가 없을 정도로 충분히 입증된 바 있고, 평화 연구와 세계질서 연구에서 널리 논의된 주요 관심사이기도 하다.

다만 유념해야 할 가장 관련성 높은 두 가지 지점은 (1) 국가 안보에 위협이 된다면서 정치 참여를 제한할 때 대다수 사람들이 이를 받아들이게 만드는 심리적 요소들과 (2) 정치적 자유와 민주주의적 참여의 일반적 수준과 여성의 참여 사이의 관계이다. 앞서 언급했듯이, 어떤 정권이 억압적일수록 그 정권은 성차별적일 가능성이 크다. 성차별주의, 군사주의, 억압은 감정적으로 길들여지고, 공포가 이들을 생산하며, 협박이 이들을 강화하고, 대체로 시민계급의 비판 역량이 마비될 때 그 결과로 유지된다. 포르나리가 관찰한 바를 살펴보자(Fornari, 1974).

부톨은 전쟁이라는 현상이 감정을 함축하는 문제를 다루면서, 사람들에게 위협받고 있다는 확신을 주는 것만으로도 그들의 권리를 포기하게 유도하는 것이 충분히 가능하다는 결론에 이른다. 따라서 그는 주권을 *"누군가에게 허용된, 타인을 협박할 권리"*라고 정의한다(p. 27, 이탤릭체는 원문).

호전적 충동의 가장 전형적인 결과 가운데 하나는 무엇보다도 이성을 평가하는 능력을 마비시키면서 사람들의 비판적 감각을 무디게 하는 것이다(p. 31).

정치가 성차별주의에 대해 비춰준 두 번째 지점은, 현재의 정치 구조와 실천 대부분이 가부장제에 그 뿌리를 두고 있다는 것이다. 카를 폰 클라우제비츠Karl von Clausewitz의 견해와 달리, 권력 행사로서의 정치는 전쟁 체제의 부산물이며 그 반대가 아니다.[7] 정치는 전쟁만큼이나 본질적으로 남성적인 행위이기 때문이다. 이는 정치가 오늘날에도 여전히 주로 남성들에 의해, 남성

---

7 [옮긴이] 카를 폰 클라우제비츠(1780~1831)는 프로이센의 군인이자 군사 이론가로, 『전쟁론』*Vom Kriege*이라는 저서로 잘 알려져 있다. 그는 이 책에서 전쟁을 정치의 연장으로 보았으며, 정부·군대·국민이 경이로운 삼위일체를 이뤄야 한다고 주장했다.

적 기준에 따라, 그리고 남성적 양상으로 행해진다는 사실로부터 파생한 주장이다. 전쟁 행위에서와 마찬가지로 정치에서의 성공 역시 남성성의 증거이며, 그 나름의 흉포함을 필요로 한다(Brock-Utne, 1981, pp. 33~37, 50~51). 세계에서 가장 강력한 여성들이 거둔 정치적 성과가 이 점을 매우 잘 보여주는데, 권력의 정점에 다다른 뒤에도 (특히 그 이후에도) 그들은 자신의 강함을 계속 증명해야만 했던 것이다.

서구의 여러 나라들에서는 참정권이 인정된 후에도 몇 세대에 걸쳐 정치권력에서 여성들을 배제했는데, 이는 전쟁 체제를 유지하는 데 반드시 필요한 것이었다. 평화를 구축하려는 노력을 통해 여성들이 정치화되고 있고, 안보 이슈에 대한 남성과 여성 유권자 사이의 차이가 점차 명확해지는 가운데 미디어들이 젠더 격차를 자주 보도하면서 이 점은 더더욱 분명해지고 있다.

페미니스트 정치학자 주디스 스팀Judith Stiehm은 막스 베버가 말했던 "특정 지역에서 물리력의 적법한 활용을 독점하는 기구로서의 국가라는 정의"에서 출발해, 정치 참여 개념에서 얻은 성차별주의와 전쟁 체제 사이의 관계에 대해 또 다른 성찰을 보여주고 있다.

기본적인 논점은 사회적인 힘을 관리하는 것이 국가의 결정적 기능이라는 것이다. 그러나 여성은 국가의 힘을 활용하는 데 다가갈 수 없다. 그 결과 법률이 뭐라고 하든, 사람들이 어떻게 자각하든 간에 여성은 모든 면에서 시민보다 못한 존재가 되었다. (……) 선출직 및 임명직 공무원 자리에 여성이 없다는 사실을 설명하려는 움직임도 있어왔다. 물론 어떤 필자들은 이에 대한 설명이라며 "자연"이라는 말을 내놓았고, 또 다른 필자들은 육아로 인한 경력 단절, 의무교육의 부재, 남성의 편견 등을 지적했다. 그러나 베버로 돌아가보면, 다른 가능성이 등장한다. 국가의 기본적이고 독점적인 기능은 시민을 위해, 시민과 함께, 또 시민을 대상으로 행사된다. 그런데 만일 여성에게 힘을 행사할 뜻이나 능력이 없다면(혹은 그렇게 여겨진다면), 그들은 강제적 책임을 지는 공직에 적합지 않은 후보자일 것이다. 사실 대중들은 여성이 정부 관료 가운데서 판사로 일할 때 가장 적합하다고 여기는 듯하다. 또한 강제적 물리력(경찰과 군대)에 대한 예산을 짜고 규칙을 만드는 데 보탬이 되는 입법부 활동에도 적합하다고 생각한다. 그들에게 가장 부적합해 보이는 자리는 개인적으로 지시를 내려서 무언가를 실행시켜야 하는 행정부의 관료직이다. 제한된 수의 여성들만이 이론적으로든 실천적으로든 행정부 업무의 훈련을 받기 때문에, 이러한 시각이 꼭 비이성적인 것만은 아니다(Stiehm, 1979).

논의의 목표가 군축에서 빗겨나 있는 것으로 보아, 여성이 군축에 대한 논의에서 배제되어 있다고 의심해볼 만한 사례가 있다(Johansen, 1978a). 제2차 유엔 군축 특별회의UN Special Session on

성차별주의는 전쟁을 불러온다

Disarmament를 참관한 페미니스트들은 사실상 회의 첫날부터 거기에서 어떤 긍정적인 결과를 도출해낼 수 있을지 회의적이었다. 제1차 특별회의 때도 여성 대표자 수가 적었지만, 제2차 특별회의 때는 그 수가 더욱 적었다.

사실 여성이 남성과 동등하게 정치에 참여하는 것을 두려워하는 데는 그 나름의 타당한 이유가 있다. 페미니즘을 반대하는 여성들은 완전한 시민권의 획득이 곧 군 복무로 이어질지 모른다는 두려움에 휩싸이기도 한다. 하지만 그보다도 여성에게는 남성적 권력 구조에서의 정치적 평등을 통해 전체 체제에서 무엇을 할 수 있을지에 대한 더욱 깊은 두려움이 있다.

만일 여성들이 정치에 진입해서 권력을 평등하게 나눈다면, 그간 그토록 여성이 아니라는 우월감에 의존해왔던 남성 정체성은 과연 어떻게 될까? 유대계 페미니스트들은 남성들이 여성으로 태어나지 않았음을 신에게 감사하는 전통적인 기도가 불러오는 의식의 고양 효과를 지적한 바 있다. 정치와 전쟁에서 여성을 배제하는 것은 남성들에게 어린 시절부터 각인되어온 총체적 통제를 여성들이 되찾는 것을 막고, 부분적으로는 그들의 어머니로부터, 따라서 모든 여성들로부터 분리되는 경험에서 비롯한 남성 정체성을 유지할 근본적인 수단이다. 그러한 정체성을 잃을 수 있다는 두려움은 캐릴 리버스Caryl Rivers가 「평등권 수정안의 죽음과 신여성에 대한 두려움」ERA's Death and the Fear of New Women (1982)에서 논했던, 여성이 정치적 평등을 쟁취한다면 모

2장 | 성차별주의와 전쟁 체제란 무엇인가

든 여성이 남성과 같아질 것이라는 두려움보다 훨씬 깊은 것이다(리버스가 지적했듯이, 이 두려움은 여성의 무급 노동에 기반한 공짜 점심이 사라질 수도 있다는 두려움이기도 하다).

세계질서의 가치 중 하나인 평화는, 일반적으로 평화 연구에서는 부정의 의미, 즉 전쟁의 부재로 정의되곤 한다. 그렇게 정의할 경우, 평화의 가치에 대항하며 작동하는 주요한 힘은 군비경쟁이다. 군비경쟁 가운데서도 핵 군비경쟁은 성차별주의와 군사주의의 연관성을 완벽하게 보여준다.

차파르데트는 여성의 열등함을 유지하기 위해 남성성과 여성성의 왜곡이 일어난다고 주장했는데, 이것이야말로 전쟁 체제의 핵심에 성차별주의가 놓여 있다는 사실을 매우 명확하게 드러내 보여준다. 섹슈얼리티를 남성적 혹은 여성적 역할 및 행동으로 왜곡하는 것은, 평화로 가는 길을 가로막는 가장 근본적인 장애물 중 하나인 공포를 설명해준다. 군축에 대한 진정한 장애물이자 기초적이고 근본적인 두려움은 거세와 불안이다. 이에 비한다면 안보에 대한 염려, 경제에 대한 집착, 이데올로기적 비타협, 심지어 죽음에 대한 거부 등은 부차적 문제일 뿐이다(Fornari, 1974).

그간 페미니스트들과 몇몇 정신과 의사들은 무기 일반을 비롯해 특히 핵무기에 대한 남근숭배phallicism를 지적해왔다(Fornari, 1974, p. 98). 군축을 가로막는 장애물과 싸워온 정책 입안자나 연구자들이 주목받는 경우는 매우 드물었지만 말이다. 남근숭배

성차별주의는 전쟁을 불러온다

는 모든 과시적 군비경쟁, 군비 관리, 군축 협상에서 명시적으로 표출되는 접근/회피의 행동에서 가장 선명하게 드러나는 심리적 요소이다. 그것은 또한 왜 일부 여성들이 남성들보다 더 격렬하게 군축을 추구하는지를 설명하는 데 유용하며, 남성 정체성과 전쟁 사이의 잠재적이고 결정적이며 중요한 연관성을 드러내 보여준다.

만일 여성이 정치에 참여해서 남성처럼 된다면, 그래서 남성이 더 이상 전쟁을 벌일 수 없게 된다면, 남성은 여성처럼 되어버릴지도 모른다. 모든 여성이 강간이 가져오는 "불명예"라는 "죽음보다 더한 운명"에 대한 공포에 젖어 있듯이, 모든 남성은 어린 시절부터 여성처럼 될 수 있다는 가능성을 두려워하도록 교육받는다. 그러한 운명(여성화된 남성 혹은 불명예를 짊어진 여성)은 달리 보면 군사주의를 지탱하는 "빨갱이가 되느니 죽겠다"라거나 "명예를 잃느니 죽음을" 택하는 정신 상태^{mentality}와 유비를 이룬다. 그리고 바로 이러한 정신 상태가 우리를 지금껏 핵무장 경쟁이라는 생사의 위기로 몰아온 사건들에 영향을 미쳐왔던 것이다.

선정적인 대중소설의 독자들 가운데 상당수는 남근 문화의 등장을 동시대 미국의 유쾌한 성적 해방이라며 찬양하는 최신 베스트셀러들을 읽으면서 자극만을 기대해왔다. 그런데 케네디 행정부를 '남근 대권'으로 묘사한 것을 보면, 가장 명민한 인재들이 그런 해방운동에 참여하고 있음을 선정적으로 폭로하는 것이상이었던 것 같다(Talese, 1980). 그러한 폭로는 대통령 선거전의 "미사일 격차"[8] 이슈에 대해 새로운 통찰을 제공했으며, 미국의 과시적 외교 전략 및 안보가 어떻게 남근적으로 접근하고 있는지를 보여주는 서늘한 통찰이기도 했다. 이러한 암시는 또한 로버트 리프턴Robert Lifton이 내놓은 관찰, 즉 우리는 사실상 무기를 숭배하기에 이르렀다는 핵무기주의nuclearism라는 개념(Lifton & Falk, 1982)의 사례이기도 하다.

여기에서 우리는 초창기 인류의 남근숭배를 떠올릴 수도 있는데, 그보다는 성차별주의와 전쟁 체제라는 깊숙하게 서로 얽혀 있는 심리적 뿌리에 더욱 관심을 기울여야 할 것이다. 이 뿌리가 우리의 정치적 행동과 정치 제도에 어떤 영향을 주는지 충분히 이해하지 않고서는, 가장 우선적이고 가장 근본적인 세계질서 가치인 평화의 실현 가능성이 희박해질 것이다.

세계질서의 가치란 세계질서의 비전을 향한 준거 기준으로 작동해야 하는 인도주의적이고 보편적인 일련의 가치들이다. 그것은 평화롭고 공정한 사회질서를 보장하도록 설계된 새로운 제도를 끌어내기 위한 가이드라인이다. 이러한 제도의 구축은 주로 정치의 영역에 속해 있다. 그런데 정치적 힘을 태동시키고 그러한 가치를 지지하는 이들을 동원하는 데에는 근본적으로 사적인

---

8 [옮긴이] 1950년대 후반, 냉전이 치닫는 가운데 소련은 인공위성을 먼저 쏘아 올리면서 미사일 전략에서 우위를 점했음을 발표한다. 이에 미국은 미사일 개발과 군비 확장에 나섰다. 하지만 1961년에 밝혀진바, 당시에 소련은 300기, 미국은 6000기의 탄두를 보유하고 있었다.

성차별주의는 전쟁을 불러온다

염려와 헌신이 반드시 필요하다.

우리는 각자 정치 및 사회의 구조적이면서도 명백한 의미와 인간 정신의 미묘하면서도 암시적인 의미, 이 두 측면을 전쟁 체제와 그 성차별적 기반이 어떻게 완전히 길들여왔는지 이해해야만 한다. 우리 자신과 우리 자신이 놓여 있는 역사적 조건들은 심리적 힘과 우리 문화를 일으켜 세운 정치·사회 구조 사이의 복잡하고 내밀한 상호작용 가운데서 진화해왔다. 성차별주의와 전쟁을 분리하는 것이 불가능한 것과 마찬가지로 구조와 심리에 대해 각각 배타적으로 접근하는 것은 불가능하다. 이 사안은 그렇게 접근했다가는 해결은커녕 제도로 조명하는 것조차 불가능한 문화적 문제이다. 성차별주의와 전쟁이라는 한 쌍의 문제를 넘어서는 데, 또한 적절하게 효과적으로 개인적인 것과 정치적인 것을 조합할 지식과 전략을 제공하는 데, **상호 인과성**은 상당한 가능성이 있는 개념일 것이다.

그들에게는
적과 희생자가
필요하다

가부장제와
군사주의에 물든
사회의 공모에
대하여

몇몇 페미니스트들은 지금 이런 질문을 던지고 있다. 가부장제 사회에서 평화는 가능한가? 지구상 다수의 인간에게 세계질서의 가치가 만연해 있는 상태를 평화라고 정의한다면, 답은 분명 그렇지 않다. 평화와 가부장제는 그 정의상 상반되는 것이다.

가부장제는 아버지들의 규칙이다. 그것은 남성 책임, 남성 지배, 남성 권력의 체계이자 경제적 의존, 폭력, 길들이기를 통해 여성을 지배하는 체계이다. 이 체계는 여성에게 가정과 가족이라는 사적 영역을 부여한 뒤, 백인 남성을 일과 의사 결정이라는 공적 영역으로 내보낸다.

가부장제는 육체보다 정신, 감정보다 사고, 지상보다 하늘을 상위에 놓는 이원론적 체계로, 각 항의 부정적 측면과 여성을 연결시킨다. 또한 경쟁, 위계질서, 침략, 관료주의, 땅으로부터의 소외, 감정의 부인, 세대에 대한 근시안, (성이든 인종이든 계급이든 가리지 않는) 타자의 대상화 같은 남성의 경험을 통해 발전한 가치 체계이다(Zanotti, 1979).

이러한 이원론은 전쟁에서도 명백하게 표명된다. 전쟁은 침략자와 희생자를 필요로 하는 경쟁적 게임으로, 지위를 획득함으로써 참여자를 승자 혹은 패자로 인식하는 치명적인 전쟁 의례 ritual를 끝까지 밀어붙인다. 대개의 경우, 승자가 되는 것은 침략자이다. 침략자에게는 적이 필요하다. 적의 역할은 공통분모와 같은 것이다. 전쟁 체제에서는 모두에게 적이 있고, 모두가 적이다. 그래서 모두가 승자이거나 패자이다.

사회를 구성하는 존재로서 우리는 승자의 역할을 갈구하지만, 성별에 의해 규정된 인간으로서 남성은 승자를, 여성은 패자를 연기하도록 길들여진다(인종주의 또한 이 게임의 중요한 요소이다. 이때 백인은 승자, 비非백인은 패자의 자리에 놓인다). 이러한 것들이 가부장제의 근본적 역할이다. 가부장제는 자상하게 보살펴주는 자애로운 아버지라는 존재를 배제한 적이 없지만, 남성들이 그러한 인간 속성을 계발하지 못하게 가로막는 경향이 있다. 남성들은 돌봄과 사랑보다 권위와 책임감으로 사회화되고, 여성들은 주장과 자율보다 복종과 의존으로 사회화된다.

가부장제는 권위 있는 이들이 그들에게 종속된 이들에게 자기 의지를 밀어붙일 수 있게 하는 힘의 사용을 적법화했다. 여기에는 권위자의 의지가 그와 관련한 모든 이들의 이익에 최선이라는 가정이 자연스럽게 깔려 있다. 왜냐하면 그것은 우월한 지식과 지혜로부터 파생된 것이기 때문이다.

남성이든 여성이든 종속된 이들이라면 권위자의 의지를 강제로 받아들여야 하겠지만, 예상컨대 남성들은 위계질서상 자기 아래에 있는 이들에게 자신의 의지를 관철시키는 능력을 계발할 것이다. 반면에 여성들은 강제로 부과된 것들을 수용할 뿐만 아니라 전적으로 거기에 순응하도록 훈련된다. 여성들은 권위자에게 가능한 한 상냥해야 하고, 더욱 강제된 상황이나 심지어는 폭력에 놓일지라도 분노해선 안 된다. 순응, 속임수 등 소위 여성적 행동이라는 것의 상당수는 권위주의에 대응하면서 폭력을 피하기 위한 메커니즘에 필요한 특정 조건의 결과이다. 남성들은 공격적이면서 폭력을 사용할 준비를 하도록 길들여졌고, 여성들은 폭력을 두려워하고 피하도록 길들여졌다.

강간은 전쟁 체제의 궁극적 은유이다

가부장제 사회에서 각각의 개인은 폭력과 권위주의를 (거기에 맞춰 대응하고 그것을 받아들이도록) 교육받는다. 아주 어린 시절

3장 | 그들에게는 적과 희생자가 필요하다

부터 그것은 우리 안에 자리하는 것이다. 그렇기에 어떤 이들은 가부장제 자체를 전쟁과 억압의 근본 원인으로 본다(Mallmann, 1978).

군대에 만연해 있는 권위적 구조는 사회 전체에도 만연해 있다. 타인에게 폭력을 사용하려는 근본적 의지는 개별 전쟁 행위가 의존하는 바로 그 기반이기도 하다. 어린 시절의 훈련과 가부장제 사회에서의 끊임없는 사회화는 그 근본적 의지를 길들인다. 누구나 권위를 존중하도록, 다시 말해 폭력을 두려워하도록 교육받는다. 남성들은 "열등한 이들"에게는 억압적으로, "동등한 권리를 가진 이들"에게는 경쟁적으로 폭력을 사용하는 역량을 계발해 나가면서 폭력에 대한 자신의 두려움을 다루도록 길들여진다. 여성들은 폭력에 순응하면서 이를 회피하는 것은 물론이고, 인간에게 주어진 근본적 조건에 대응하는 방식으로 폭력에 대한 공포를 다루도록 길들여진다.

여성들은 폭력에 대처하면서 이를 회피해야만 하기에, 폭력에 대한 두려움을 표출하는 것이 허용된다. 그런데 그런 두려움을 드러내는 것은 여성에게는 여성적인 것이지만, 남성에게는 비겁한 것이 된다. 성차별적 음모는 소년들에게 마초 남성들이 두려움을 알면서도 드러내 보이지 않는다는 은밀한 가르침을 전수한다. 사실 소년을 비롯한 남성들은 두려움을 느낄 때 더 용맹하게, 더 공격적으로 행동하도록 부추겨진다. 두려움에 대해 남성은 공격으로, 여성은 복종으로 대처한다. 가부장의 권위주의를

성차별주의는 전쟁을 불러온다

유지하려면 바로 그런 행동이 필요하다. 또한 공격과 복종은 남녀 관계의 핵심이기도 하다. 많은 이들은 남성 우월주의를 견뎌내는 여성들을 이런 식으로 설명한다. 반면에 어떤 이들은 이러한 행동이 모든 강제적 착취의 근본 원인이며, 성차별주의와 전쟁 체제의 가장 중요한 공통 특성인 강간에 대해 설명해준다고 주장한다.

강간이란 본질적으로 어떤 개인 혹은 개인들을 위협하거나 힘과 폭력을 사용해서 그들을 복종시키고 순종하게 강요하는 것이다. 적과 피지배국 시민들을 다루는 방식, 그리고 성폭력 사이의 관계는 서로 견주어볼 만하다. 이 관계는 전쟁 체제와 성차별주의 모두 생존을 위해 힘에 굴복할 수밖에 없음을 시사한다. 전쟁에서 이길 수 없다면, 그리고 계속해서 여성들이 성차별적 지배를 받아들이지 않는다면, 그 어떤 체제도 영속될 수 없다. 전쟁 체제와 성차별주의는 둘 다 대개의 인간이 **물리적** 생존에 최고의 가치를 둔다는 가정에 기반하고 있다.

"선사 시대부터 지금까지, 나는 강간이 주요한 역할을 해왔다고 생각한다. 강간은 남성 모두가 여성 전부를 두려움의 상태에 가둬두는 의식적 위협의 과정이다"(Brownmiller, 1976). 여기에서 수전 브라운밀러Susan Brownmiller가 말한 강간이란 용어는 점령지에 대한 정복군의 행동, 식민지에 대한 제국적 권위의 개입을 남녀 관계로 바꿔 넣은 것이다. 다양한 형태의 강간은 복종을 유지하기 위한 기초적 위협 체계였음은 물론이고, 전통적 전쟁 체제가 상징적으로 또는 억제를 위해 사용한 장치였다.

핵무기의 시범 사용을 입에 올리는 국무 장관, 좌익 혹은 공산당 투쟁에 연루된 것으로 보이는 이들을 위해 일하는 여성 선교사들을 강간·살해하는 우익 테러리스트, 이들이 품고 있는 근원적 동기는 동일하다. 그러나 체제는 "핵 위협"과 정치적 동기에 의한 성폭행이 동일한 현상의 다른 측면이라는 증거를 모호하게 만든다. 1980년 12월 엘살바도르에서 미국인 수녀들이 살해되었을 때, 이들이 강간 또한 당했던 것을 대개의 매체들이 사실상 보도하지 않았다는 점이 그 증거의 한 사례일 것이다.[1] 《내셔널 가톨릭 리포터》의 한 기사는 이렇게 보도했다. "네 명의 미국인 여성을 강간하고 살해한 이들이 특별한 메시지를 보내왔다. 그들은 자기 자리에서 벗어나 있던 이 여성들이 '수녀 혹은 성당 일꾼'이라고 적힌 이름표를 달고 있었다 해도 전혀 보호받지 못했을 것임을 명확히 하고 싶어했다. 심지어 '미국인'이라고 적힌 이름표를 달고 있었을지라도 말이다"(papa, 1981).

사실 강간은 여성들을 줄 세우기 위한 의도적 장치이다. 《내셔널 가톨릭 리포터》의 기사를 쓴 메리 베이더 파파Mary Bader Papa는 브라운밀러를 인용하고 있지 않지만, 그녀의 통찰은 브라운밀러

---

1 [옮긴이] 1979년 엘살바도르에서는 극우파의 쿠데타가 일어나면서 군사정권이 들어선다. 그리고 그다음 해 3월에 엘살바도르의 대주교로 반독재 운동에 가담했던 오스카르 로메로(Óscar Romero, 1917~1980) 신부가 미사를 집전하던 중 암살당하며, 12월에는 인도주의적 봉사 활동을 위해 엘살바도르에 갔던 메리놀 수녀회 소속 미국인 수녀들이 군인들에게 강간, 살해당한다. 올리버 스톤 감독은 이 일련의 사건을 소재로 〈살바도르〉라는 영화를 만들기도 했다.

의 책 『우리의 의지에 반하여』*Against Our Will* (1976)에서 자세히 설명하고 있는 바와 일치한다. 동시에 브라운밀러가 주장하듯, 강간이란 전쟁 행위의 의식적 전술이라는 사실도 명확히 보여주고 있다. 이 책에서 주장했다시피 강간은 전쟁 체제의 궁극적 은유이고, 거기에서 폭력은 사회적 관계의 최종 결정자이고, 힘은 공적 질서의 구조를 한데 쥐고 있는 접착제이다.

전쟁 행위는 근원적으로 서로에게 폭력을 쓰도록 연루된 집단들의 준비 태세에 따라 그 지속 여부가 결정된다. 그렇지 않다면 남녀 사이, 그리고 서로 경쟁하는 국민국가 사이 모두에서 관계의 기본으로써 유지되는 근본적인 위협 체계가 작동하지 않을 것이다. 여기서 말하는 준비 태세는 두 가지 원천에서 파생된 것으로 보인다. 첫 번째 원천은 폭력적이고 공격적인 충동을 실행할 수 있도록 승인하는 것, 즉 사회적이거나 정치적인 정당화이고, 두 번째 원천은 이런 관계에서 타인을 비인간화dehumanization하는 것이다.

타자성의 강화는 타인의 가치에 대한 폄하를 합리화하는 과정과 함께 이뤄지는데, 이때 경쟁적이지만 공정하지 않은 관계에 폭력적 갈등 상황이 더해지면서 소외가 일어날 수 있다. 여성에게 성차별주의적으로 소외당한 남성이라면, 소년과 남성에게 있는 "여성적" 특질과 여성에게 있는 "남성적" 특질에 대한 거부감이 생길 것이다(이러한 감정이 강렬해질수록 경멸에까지 다다를 것이다). 성차별주의적 소외는 일반적인 소외 가운데서 특히 타자성에 대한 부정적 지각의 근본적 기초를 이룬다. 인간이 태어나면서부터 부정적 타자성으로 사회화되지 않는다면, 그 누구도 적의 이미지를 발전시키는 것이 사실상 불가능할지도 모른다.

타자성은 단지 인간의 차이뿐만 아니라 그 부정적 형태로써 인간 가치의 위계질서, 즉 다른 성, 다른 인종이나 계급, 다른 국가의 시민, 혹은 다른 정견 지지자 등을 비인간화하는 근본적 가정을 내포하고 있다. 물론 인간이 생존하는 데는 어떤 형태의 타자성이 필요하다. 종을 재생산하기 위해서는 생물학적 남녀 구별이 필요하다. 개인이 정상적으로 성장하기 위해서는 양육하는 부모로부터의 분리가 필요하다. 다양한 환경에 성공적으로 적응하기 위해서는 문화의 차이가 필요하다. 구별, 분리, 차이는 복잡하면서도 살아 있는 행성 위에서 생명 형태의 다양성을 유지하기 위해 필요한 자연적 장치이다. 여기에서 문제는 타자성이 생물학적 필연성을 넘어서는 지점까지 활용되는 것을 인간 사회가 허락했다는 점이다.

성차별주의와 전쟁 체제는 둘 다 타자성을 폭력적으로 활용한다. 본질적으로 폭력은 불필요한 해악unnecessary harm이며, 이 정의에는 동일한 목표를 성취하기 위한 대안적 수단들이 무시되거나 거부되었다는 점이 가정되어 있다. 과거에는 전쟁 행위와 남성 우월주의가 모두 생존을 위한 것이었다는 주장을 펴는 이들이 있었지만, 이러한 주장이 전적으로 설득력 있는 것은 아니다. 이들이 모두 인간의 생존을 방어하기보다는 위협하는 방향으로 쓰였다는 점은 의심의 여지가 없다(Divale&Harris, 1976).

사회는 남성이 협박과 폭력으로 여성을 지배하는 것을 허용하는데, 대개의 명시적이고 구조적인 폭력을 양산하는 중요한 원인이 여기에서 비롯될 것이다. 그것은 신체의 분비선에서 끌어낸 통제와 지배의 면허이다. 여기에서 규정한 폭력이란 불필요한 해악이기 때문에, 그러한 폭력은 선택의 결과인 것이다. 우리 사회는 폭력 행사를 선택한다. 아내에 대한 폭행을 정치적 개입이 필요한 사안이 아니라 배우자 간의 사적 문제로 여기는 사회는, 여성의 노동을 과도하게 착취하는 것이 경제적 공정성의 측면에서 중요한 문제라는 사실을 인정하지 않을 가능성이 크다. 뉴욕의 노동 착취 현장과 제3세계의 공장에서 모두 강간을 영속화하는 동일한 암묵적 승인이 이뤄지고 있는 듯하다.

이러한 승인의 범주, 그리고 남녀 관계에서 작동하는 폭력의 정도는 더욱 분명해지고 있다. 페미니즘 연구는 예전에 유혹으로 생각했던 경험들이 실은 (강제력을 행사하진 않았을지라도) 얼마나 다양한 형태의 위협으로 이루어졌는지, 그리고 얼마나 많은 여성들이 평소에 안면 있는 남성들에게 공격당해왔는지 드러내기 시작했다. 이러한 폭력 행사의 면허는 피해자 비난 증후군으로 강화되고 있기도 하다. 이 질병은 한 국가가 다른 국가를 침략해놓고는 다른 국가가 도발해서 그런 것이라고 정당화해온 것처럼, 희생자가 그러한 공격을 도발했다고 주장한다. 사회과학자와 법률가들은 무력 침공과 강간을 정의하는 데 있어 똑같이 어렵고 비슷한 문제에 직면해왔다. 그러나 이러한 행위 사이의 연관성은 거의 주목받지 못했고, 이에 주목한 이들은 대부분 강간에 주요하게 (혹은 강간에만) 관심을 기울인 페미니스트들이었다.

한편 욕구불만을 폭력과 공격성의 원인으로 보는 것은 성차별주의와 전쟁 체제, 적과 희생자의 필요 사이에 흥미로운 비교 지점을 불러온다. 인간의 행동을 자의적으로 제한하면 적개심과 분노가 생긴다. 그 제한이 심해질수록, 폭력적 반응의 잠재성은 폭발적이 되고 적에 대한 심리적 욕구도 높아진다. 사실 억압받고 착취당하는 이들의 절망적인 대항 폭력 대부분은 정의로운 분노이며, 또한 발전 잠재력이 사그러든 것에 대한 불가피한 결과라는 주장은 설득력이 있다.

그런데 사회는 기본적인 협박/강제 체계에 변화를 모색하기보다는 그러한 대항 폭력 가운데 일부를 용인해왔다. 실제로 대항 폭력은 자경단과 가부장 체제의 또 다른 권력인 억압적 경찰 장치의 필요성을 정당화하는 데 이바지한다. 대항 폭력은 때때로 처벌을 묵과하거나, 좌절된 욕망을 조금이나마 충족하는 방식으로 승인된다. 자신을 공격했던 이를 살해한 여성들이 때때로 깨어 있는 배심원들에 의해 풀려나거나, 폭력적인 민간인 소요 사태가 명목상의 사회개혁을 이끌어내는 데에는 이런 배후 사정이 있다. 이러한 것들은 체제를 온전히 유지하게 하는 사소한 양보인 것이다.

사회화 과정에서 소년들이 소녀들보다 더욱 극심한 좌절을 겪는다는 점을 고려할 때, 여성과 소녀들보다 남성과 소년들의 공격성이 강한 것은 불가피해 보인다. 남성과 소년들은 다른 성별의 사람들과 관련된 속성을 거부하게 하는 압력에 크게 영향을 받을 뿐만 아니라, 그들의 역할 및 행동 범위도 덜 유연하고 사회적 감시에도 크게 영향을 받는다. 남성적 역할에 대한 사회적 기대는 매우 경직되어 있으며, 일종의 성과도 요구한다.

부모와 교사들이 소녀들보다 소년들에게 더 관대하다는 사실은 이미 관찰되어왔지만, 그것이 대체 무엇을 허용해온 것인지에 대해서는 짚어봐야 할 것 같다. 소년들에게는 좀 더 제멋대로 구는 것(이는 물리적으로 표출된다), 위험을 무릅쓰는 것, 일반 질서를 침해하지 않는 한 환경을 인위적으로 조작하는 것이 허용된다. 이는 기사도와도 비교해볼 만하다. 이들은 모두 더 큰 사회적 기대를 떠맡는 데 주어지는 보상으로서의 편의인 것이다. 이러한 허용을 통해 소년들은 자신의 사회적 역할을 침략자, 위협자, 그리고 "적"에 맞서는 보호자라고 학습하는 기회를 얻는다. 또한 부정적 관심을 한데 모으면서 체제를 영속화하기 위해 "적"과 협력하는 법까지도 배운다(몇몇 경쟁적 스포츠 팀 경기는 이러한 협력을 위한 연습이다).

남성은 적이나 침략자의 역할로서 전사가 되도록 사회화되는 반면, 여성은 희생자와 적을 대리하는 대상surrogate enemies이 되도록 사회화된다. 각 성별은 그 역할에 맞춰 훈련되는 것이지, 태어나는 것이 아니다. 성차별주의와 전쟁 체제가 인간 심리에 깊숙이 뿌리 박혀 있다고는 하지만, 그 어느 것도 본능적이지 않으며 선천적이지도 않다(노예제가 자연적인 것이 아니고, 인간이 특정한 미래를 피할 수도 있는 것과 마찬가지로, 성차별주의와 전쟁 체제는 모두 가치 선택의 영향을 받는다). 모든 사회적 행동처럼 이들 두 가지는 모두 학습되며, 학습을 통해 변화에 노출된다. 사실 (성차별주의, 인간의 침략성, 전쟁은 물론이고) 성 역할 분리의 속성을 인간 본성으로 돌리는 것은 대안에 대한 지식을 좇지 않는 것을 합리화하는 기능을 하기에, 그것은 과학의 도착^{perversion}이다.

평화 연구자 바버라 스탠퍼드^{Barbara Stanford}는 평화를 달성하기 위한 필수적 학습 목표와 절차를 개발하는 작업을 수행한 바 있다(그녀는 성차별주의와 전쟁 연구에 전력을 다한 소수의 연구자 가운데 하나이다). 그녀는 공격성에 관해 폭넓은 이론적 연구를 해왔다. 성차별주의와 전쟁 체제의 연관성에 대해 숙고하는 나의 연구와 마찬가지로, 그녀의 연구는 군축에 이르는 길을 가로막는 장애물을 넘어서려는 관심에서 그 시작이 촉발되었다. 우리는 공격적 행동을 매우 유사하게 이해하고 있었다.

적어도 건전한 개인에게는 공격성이 자발적으로 생겨나는 것이 아니라 특정한 자극에 대한 반응으로써 생겨난다. 다만 공격적으로 반응하는 자극의 횟수는 상당히 다를 수 있고, 반응의 임계치도 매우 낮을 수 있다.

에리히 프롬^{Erich Fromm}은 "동물의 공격적 행동이 생존의 위협에 대한 반응이라는 것, 혹은 내가 선호하는 방식으로 좀 더 일반화해서 말하자면 개인으로서 혹은 한 종種의 일원으로서 동물의 사활적 이익을 지키기 위한 것이라는 결론은 불가피한 듯하다"라고 말했다(1973, p. 95). 버넌 마크Vernon H. Mark와 프랭크 어빈Frank Ervin이 선보인 공격성에 대한 생리학적 연구는, 공격적 충동이 자발적으로 강화된다고 증명할 수 있는 생리적 기제가 존재하지 않음을 보여준다. 로저 존슨Roger Johnson 또한 공격성은 자극에 대한 반응이며, 자발적 충동이 아니라는 결론을 내렸다(1972).

그렇다면 공격성이란 어떤 부류의 위협에 대한 반응으로써 생리적 각성 상태일 때 나올 수 있는 행동인 것이다. 자극이 꽤나 빈번하기에 생리적 각성 상태에 다다르는 것은 매우 흔한 일이다. 스턴스H. L. Sterns는 분노 반응이 "100퍼센트의 발생률"을 보인다고 지적한 바 있다(1972, p. 55). 그러나 분노, 적개심, 공격성과 관련한 기타 각성 상태들이 반드시 공격으로 이어지는 것은 아니다. 사람은 이런 각성 상태에서 도망칠 수 있고, 감정을 무시하거나 다른 방식으로 행동할 수도 있다. 물론 모든 공격적 행동이 분노나 적개심과 연관된 것은 아니다. 어떤 행동은 차갑게 이성적인데, 이성적 행동은 그 정의상 충동적 본능이 아니다. 현재의 연구들이 보여주듯이, 정상적 인간이 품는 공격적 감정은 보편적인 반면 공격성은 자발적 충동이 아니다(Stanford, 1981).

스탠퍼드의 연구는 공격성이 대체로 의식적 선택의 문제라는 것을 보여주며, 완고한 성 역할 및 성 정체성의 분리가 사회적으로 용인된 폭력에 이바지하는 중요한 요소라는 이론을 보완해준다. 이 연구는 또한 다음과 같은 주장을 편다. 모든 범주의 가능한 행동들 가운데서 강제력과 폭력을 선택하도록 유도되기 쉬운 도발들은 사활적 이익에 위협이 된다고 인식되는 것들로, 그것은 바로 성차별주의와 전쟁 체제를 강화하는 행동들이라는 것이다. 많은 페미니스트들은 국민국가가 전쟁 수행 능력을 사활적 이익으로 보는 것과 마찬가지로, 사회 또한 전반적으로 남성 우월성을 사활적 이익으로 본다고 생각한다. 국민국가와 사회 모두 남성적 권위 구조를 통해 폭력의 사용을 합법화하는 행위가 필요한 것이다.

우리는 용인된다고 생각하는 폭력의 수위가 지각된 위협의 심각성과 연관된다고도 말할 수 있을 것이다. 이러한 현상은 공격받고 있는 많은 억제적 체제에서 관찰되어왔다. 예컨대 체제에 반대하며 저항하는 수위가 고조될 때, 권위주의 정권은 더욱 억제적이 되고 심하게 고문을 자행하고 강하게 반체제 세력을 탄압하기 마련이다. 이와 유사하게 여성 해방을 위해 애쓴 결과 남성 권력의 구조가 위협받는다고 느낄수록, 여성에 대한 처우는 더욱 폭력적이 될 것이다. 남편이 아내를 폭력적으로 공격하는 횟수가 늘어나고, 영화 및 예술에서 그러한 사건에 대한 묘사(예를 들어 여성에 대한 극명한 폭력이 엿보이는 포르노그래피의 사회적 수용)가 늘어나는 것은 페미니스트뿐만 아니라 많은 이들이 여성 해방운동에 대한 반응, 즉 남성 우월주의의 백래시라고 본다 (Siskel, 1981~1982).

이 가정이 탐구해볼 만한 가치가 있다는 증거는 근대 유럽과 미국에서의 여성운동사만 돌아보더라도 드러날 것이다. 여성을 소유물로 분류하면서 경제권 및 투표권의 행사와 완전한 평등을 위한 투쟁을 금지시켰던 제약들을 철폐하려는 소요가 늘어난 것과, 다수의 비非전투원과 비非군사적 목표에 사용되는 더욱 강력한 무기류의 개발 사이에는 모종의 관계가 있을 수 있다.

나는 완벽한 남녀평등이 함축하는 잠재적인 총체적 변화, 이처럼 급진적인 변화가 우리가 알고 있는 인간 사회를 완전히 파괴할 근대 무기류의 잠재력과 함께 등장한 것이 단순한 우연은 아니라고 생각한다. 완벽한 남녀평등이 함축하는 인간화 과정의 변화는 핵전쟁의 비인간적 파괴와 같은 차원에 놓여 있는 것이다. 여성들이 진정한 평등을 요구하는 것은 아마도 궁극적인 위협을 불러오는 궁극적인 도발이 아닐까?

무기 개발을 가능케 하는 기술의 남성화는, 거의 동일하지만 향후 연구해볼 만한 또 다른 현상이다. 전통 사회에서 성별로 정해진 기능들은 적정 기술을 사용하면서 수행되었다. 남녀 모두 (간혹 상이하지만 보완적인) 특정 기술의 노하우를 체득하고 있었으며, 그 노하우는 각자의 기능을 수행하게 했을 뿐만 아니라 더러 그 기능의 사회적 가치에 맞는 기호와 상징을 제공하기도 했다.

3장 | 그들에게는 적과 희생자가 필요하다

반면에 서구 산업사회의 근대적 기술은 기술 지식으로부터, 그 기술 지식이 파생되어 나온 과학 연구로부터 여성을 배제해 왔다. 산업 기술에서 여성의 기능은 남성 지배 사회에서의 여성 그 자체로 대상화되었다. 여성은 공장의 값싼 노동력으로써 생산 기계의 연장일 뿐이었다. 여성의 육체는 노동력을 재생산했으며, 가부장제 양식에서는 아동 역시 사실상 기계 부품에 지나지 않았다. 여성과 마찬가지로 아이들도 가부장제로 인해 고통받으며 희생되었고, 여전히 그러하다는 사실이 눈에 들어온다. 이는 동시대에 전염병처럼 퍼져 있는 아동 학대의 다양한 형태들이 잘 보여주는 바이다. 또한 산업 발전과 함께 유럽 제국의 확장과 오늘날 제3세계라 부르는 곳에 대한 지배가 이루어졌다는 사실 역시 간과해선 안 될 것이다(Sakamoto, 1981).

여기에서 더 나아가 돌봄과 욕구 충족을 희생한 채 기술의 남성화가 진척되고 있고, 기술이 남성적 지각과 가치에 따라 강압과 강요로 발전해가는 것이 실질적으로 불가피해졌다는 점은 상당히 중요하다. 이 과정에서 궁극적 무기를 보유하는 것 또한 불가피해졌을지 모른다. 가부장제 구조에서 남성이 남성적 정체성을 갖추려면 물리력이 중요한 것과 마찬가지로, 무기는 국민국가에게 권력과 권위를 보여주는 중요한 표식이 되었다. 남성의 교육과 사회화는 전사로서, 즉 무기를 휘두르는 자로서 자신의 정체성을 내보일 수 있도록 준비시키는 과정이다. 나는 이러한 사회화 양상을 탐구하는 작업이 문명의 파괴를 막고, (여성 및

성차별주의는 전쟁을 불러온다

전 세계의 압제받는 민중의 정당한 요구를 충족시키는 데 필요한 많은 자원을 고갈시키는) 점점 더 "정교해지는" 대량 살상 무기의 개발 추세를 되돌리는 데 필요한 통찰과 지식을 드러내는 데 지극히 중요한 역할을 한다고 생각한다.

무기는 남성적 정체성과 관련한 주요 요소이면서 가부장제를 가능케 하는 결정적 요소이기도 하다. 무기류는 피억압 집단을 통제할 때 반드시 필요할 만큼 절대적인 것은 아니지만, 여성 억압을 유지하는 데 있어 전쟁 체제의 가장 중요한 기능 가운데 하나를 맡고 있다. 무기는 희생자를 만들어낸다. 반면에 적은 우리의 모든 부정적 특성을 체화한 존재로, 멸시받기는 하지만 적어도 지위에 있어서는 동등하다. 그런데 희생자의 입장은 결코 동등하지 않다. 희생자는 우리가 적에게 투사하는 죄를 지은 바 없으며, 적보다 훨씬 취약하다. 순수함과 취약함은 가장 소중히 여겨지면서 찬사를 받는 여성적 특성 가운데 하나이다. 남성이 전사의 속성을 드러내도록 사회화된 반면, 여성은 순수함과 취약함이라는 특성을 보여주도록 사회화된다. 이렇게 여성은 다른 피억압 집단과 마찬가지로 자신에게 주어진 특성을 연기하면서 스스로를 억압하는 데 협력하고 있다. 이렇게 여성은 (자신이 보호받거나 보복당할 수 있는) 무기 생산을 이어 나갈 추진력을 제공한다.

가부장제는 여성의 취약함에 의존한다. 전쟁 체제는 그러한 구조를 먹이로 삼는다. 점차 많은 여성들이 취약한 존재로 남길 거부하고 내밀하게, 더 나아가서는 확실하게 적으로 인식되는

3장 | 그들에게는 적과 희생자가 필요하다

것을 불사하면서 평등이라는 도전을 추구하는 가운데, 더더욱 대규모의 무기류가 개발된 것은 놀라운 일이 아니다.

사실 나는 이것이 국제정치학에서 말하는 억지抑止, deterrence 개념의 근본 지점이라고 본다. 궁극적 무기로 인한 궁극적 위협의 지점에 이를 때까지 피억압자들의 해방, 인간 평등, 특히 여성 평등의 세계적 실현 등과 같은 것은 억지된다. 여성의 평등은 성차별적 남성 정체성에 대한 강력한 위협이므로 남성이라는 존재 자체에 대한 위협으로 인지된다. 여성의 투쟁이 강력해지면서 전쟁 무기 또한 더욱 파괴적이고 무차별적으로 작동하고 있다. 여성, 아이, 노년층은 전투 후의 약탈에서뿐만 아니라, 전투 자체에서 공격의 대상이다. 그들은 분명 자신의 사회적·경제적 요구를 희생하여 생산된 억지 무기deterrent weapons의 피해자인 것이다. 도주한 노예와 "건방진 깜둥이들"uppity niggers이 끔찍한 보복에 노출되었던 것처럼, 온전한 인간성을 찾기 위해 투쟁한 여성들 역시 "자연 질서"를 위협했기에 가장 끔찍한 보복을 도발한 것일지도 모르겠다.

아즈텍족 사람들은 신의 노여움을 풀고 자연 질서를 유지하기 위해 자기 문명의 젊은이들을 희생했다. 반면 우리는 수세기 동안 전쟁의 신에게 우리의 젊은이들을 희생해왔다. 이제 과학과 군사 분야에서 핵을 떠받드는 사제들이 남녀 사이의 사회적 차이 극복을 약속하는 "자연 질서"의 변화를 억제하려 하고 있다. 그들의 보복은 여성의 생명을 위협하여 그들을 다시 취약한 상태로 강제로 되돌리려 할 뿐만 아니라, 가부장제가 여성에게서 빼앗을 수 없었던 하나의 힘, 즉 생명을 낳는 힘은 물론이고 이제는 모든 생명에 이르기까지 위협하고 있다. 우리는 아버지들의 분노를 자아냈으며, 그들은 "우리 방식대로가 아니라면, 다른 어떤 방식도 안 돼!"라고 답했다.

이러한 가부장제 보복의 "억지 이론"deterrence theory은, 명백히 군비경쟁을 제3세계의 해방 억지 욕망에 결부시키는 것만큼이나 불명확하다. 하지만 기본적으로 그것은 극한적 죽음의 위협에 노출된 생물의 절망적이며 폭력적인 행동과 같은 너무나도 명확한 조건들에서 파생된 것이다. 세계질서 연구는 군비경쟁의 억제적 목적을 살펴보고, 그 목적을 명확하게 구조적 폭력과 연결시킨 얀 오베르의 연구(Oberg, 1982)가 조명해준 지점을 인식하고 있다. 세계질서 연구에 반드시 필요한, 유사한 사회현상들 간의 상호 연관성을 완전히 이해하려 한다면, 군비경쟁과 성차별적 억제 사이의 연결 가능성을 고려해야 할 것이다.

남녀 모두를 각각 짓누르는 구조적 폭력에 대하여

억압은 구조적 폭력이 드러나는 가장 중요한 방식이다. 그것은 흔히 성별, 인종, 계급에 기반해 이뤄지지만, 어떤 경우에는 문화, 연령, 각종 지식들politics에 그 근거를 두기도 한다. 억압을

3장 | 그들에게는 적과 희생자가 필요하다

유지하는 주요 기제 중 하나가 프란츠 파농^{Frantz Fanon}과 파울루 프레이리^{Paolo Freire}가 압제자의 이미지를 내면화하면서 이뤄진다고 본 피억압자의 문화 변용^{acculturation}이다. 피억압자가 압제자에게 대항해 자기 파괴로 다다를 가능성이 큰 투쟁에 뛰어들기보다는, 압제자의 가치관 및 세계관을 수용해서(혹은 수용한 것처럼 꾸며서) 생존하는 대응 장치, 나는 그것이 내면화라고 생각한다. 피억압자들은 압제자가 우월하고 인류의 이상적 형태를 보여주기 때문에 특권을 누릴 수 있다는 주장을 받아들여 자기 조건을 합리화했던 것이다. 이처럼 피억압자들은 다수가 생존의 대가로 자신의 열등성을 수용해왔다.

차파르데트가 지적했듯이, 이 현상은 피억압자 고유의 특성을 평가 절하할 뿐만 아니라, 억압의 사슬에 더해 위계질서적 관계를 유지시키고 적과 희생자를 계속 양산해낸다.

이 만연한 사회화 과정(예컨대 피억압자의 사회화)을 통해 인간 존재는 그녀가 혹은 그가 관계 맺는 각각의 개인에 비해 어느 정도는 우월하거나 열등하다고 느끼도록 길들여졌다. 강력한 권위를 두려워하고 그에 대한 분노가 클수록, 열등하다고 판단한 이들을 억압할 가능성이 크다(Chafardet, 1978).

차파르데트는 남녀라는 위계질서의 형식을 인간 사회의 초기 단계에서 남성들이 표출했던 육체적 힘과 결부시킨다. 이때 육

성차별주의는 전쟁을 불러온다

체적 힘은 열등성과 우월성을 결정하는 역량으로 자리매김된다. 요한 갈퉁Johan Galtung과 같은 평화 연구자들이 주장하듯 모든 불평등한 관계가 본질적으로 모순적이라면(1980), 문명 초기부터 성별 사이의 전투가 벌어져온 것이다. 인간이라는 종의 일련의 역사는 남녀 간의 기본적 갈등을 시초로 해서 인간 사이의 대립과 갈등이 그 특징이다. 그렇기에 전쟁을 인간 본성의 결과로 보는 것은 수긍할 만한 일이다(Brownmiller, 1976).

여성이 이 불평등의 갈등을 버티기 위해 택했던 주된 대항 장치가 "이길 수 없다면 한편이 되라"라는 전략이다. 여성이 남성 우월주의를 수용하는 것은 남성이 위협과 강제를 행사하는 것만큼이나 성차별주의에 기여한 요인이었다. 이는 피억압자의 승인 없는 억압 체제란 있을 수 없다는 명제를 증명하는 논거 중 하나일 것이다.

피억압자 역시 자기 식대로 전투를 벌이고 있다는 것은 분명해 보인다. 어찌 보면 부정적인 "여성적" 특성 가운데 상당수가 압제자들에게 대항하는 게릴라전의 초기 형태를 띠고 있다. 기만, 방해, 반항, 기습 등은 비공식적인 전쟁 행위의 표준적 요소들이다. 차파르데트는 여성이 개입하는 피해자화victimization 게임에 남성 또한 개입하고 있으며, 이것이 압제자의 표준적 행동 범주에 든다는 점을 지적한 바 있다. 압제자는 이러한 전략에 불만을 드러내겠지만, 파괴적 힘을 써가며 대응할 필요는 없기에 결국 그렇게 하지 않겠다며 암묵적으로 합의해버린다.

사실 이러한 전략은 체제를 유지시켜주고, 따라서 압제자에게 이득이 된다. 압제자는 피억압자가 벌이는 전투에 대해 잘 알고 있고, 경멸과 무지의 시선으로 내려다보면서도 계속 그 전투를 용인한다. 예컨대 고해성사에 대한 이런저런 의견을 나누는 자리에서 한 가톨릭 수사가 "여자들은 정말 진실을 얘기할 줄 몰라요. 그들이 들려준 일들이 실제로 일어났다니, 도무지 믿을 수가 없어요"라고 이야기하는 것을 들었을 때, 나는 크게 실망하긴 했지만 놀라지는 않았다.

이러한 태도는 억압의 기술일 뿐만 아니라, 남녀 간에 서로에 대한 이해가 얼마나 극심하게 부족한지를 보여주는 것이기도 하다. 이러한 이해와 소통의 부족은 당연하게도 해부학적 차이를 실체화하는 사회심리적 학습이 낳은 결과이다. 남성은 확고하고 계량화할 수 있는 것을 다루는 실용적 정신을 계발하도록 학습된다. 남성적 사고가 현실을 관찰·분석하는 과학적 방법을 따르리라고 기대된다는 의미에서, 이상적인 남성적 정신은 정확하고 기술적이며 논리적이다. 남성은 현실을 자신이 통제해야 하는 환경으로 **파악**해야만 한다. 반면에 여성은 이성보다 정서에 맞닿아 있으며, 직관적·감각적·감성적이 되도록 학습된다. 여성은 실증적인 것을 넘어선 차원에서 자신의 환경을 **감지**해야만 한다. 남성은 이성적이라고 여겨지며, 여성은 감성적이고 비이성적이라고, 따라서 진지한 책임을 질 사람으로 믿어선 안 된다고 여겨진다. 남성의 세계에서 성공한 여성들은 일반적으로 논리적·이

성차별주의는 전쟁을 불러온다

성적·과학적 방법에 있어 탁월한 능력을 보여준 이들이다. 이들은 감정과 직관을 과도하게 드러내지 않는다. 남녀는 다르게 생각하도록, 사실상 다른 언어를 구사하도록 학습된다.

의사소통에서 나타나는 이러한 격차는, 최악의 경우에는 남성이 할 법한 말을 종종 듣는 여성에게는 분노로, 여성의 말을 종종 들어야 하는 남성에게는 경멸까지는 아니더라도 무시의 형태로 나타난다. 이는 남녀가 서로를 강제하면서 사회 체제에서 겪게 되는 폭력의 양상을 설명해주기도 한다.

물리적 폭력은 많은 여성들에게 심각한 문제이며, 억압과 차별의 구조적 폭력은 모든 여성들에게 영향을 미친다. 구조적 폭력은 억압된 집단과 민족에 속한 남녀 모두를 피해자로 만들지만, 죄 없는 남편을 미친 듯이 공격하며 복수하는 식으로 휘두르는 분노한 여성의 물리적 폭력에 노출된 남성의 수는 상대적으로 매우 적다. 반면에 구조적으로 억압받는 남성은 아내를 때리면서 자신의 좌절감을 해소하고, 여성에 대한 구조적 지배를 통해 자존감을 얻는 경우가 많다(Chafardet, 1975). 자신이 육체적으로 열세임을 받아들인 대개의 여성들은 잔소리나 괴롭힘, 무시, 언어폭력과 "침묵 요법" 등과 같은 다른 형태의 방법에 기댄다. 이런 행동이 잘 맞아떨어질 때, 거세 혹은 좀 더 현란한 성차별적 수식어가 그러한 여성의 특징으로 따라붙는다. 어떤 남성이 여성에게 진다면, 그는 더 이상 "진짜 남자"가 아니기 때문이다. 남성이 물리력을 쓸 수 없다면, 그런 상황을 무시하는 것, 또는 "분출"에 이른 군축 시위에 대해 권력 기관이 대응하듯 고작 평정심을 유지하는 것 가운데 하나를 선택하는 게 최선이다.

여러 전문 분야에서 이와 유사한 역학 관계가 오래전부터 있어왔는데, 평화 연구 기관 역시 그런 곳들 중 하나이다. 가족, 학계, 정치 조직 등에서의 권력 구조는 논란이 되는 의사소통, 그 가운데서도 변화 가능성을 담지한 메시지를 피하려는 경향이 있다. 이는 군축 운동에 대한 반응에서 통렬하게 드러난다. 격렬한 대중의 반대와 저항에 불구하고, 대외 정책 기관은 그들의 메시지를 듣지 않는다(100만 명이 참가했던 1982년 6월 12일의 군축 시위에 대해 국방 장관이 말했듯이, 미국의 대외 정책은 센트럴 파크의 그레이트 론 잔디 광장에서 만들어지는 것이 아니다).[2] 잔소리 같은 행동으로는 가부장제라는 갑옷에 조그마한 생채기조차 낼 수 없는 것이다. 압제자에게는 사회구조 내에서 자신의 위치를 합리화할 정도의 "순수성"을 충분하게 유지하는 것이 필수적인지라, 힘 있는 이들은 남의 이야기를 듣지 않는 쪽을 선택한다.

의사소통은 또한 전쟁 체제의 지각 장치에 필수적인 적의 이미지를 무너뜨리는 경향이 있다. 여성은 남성이 자신의 이야기를 들어주지 않는다고 끊임없이 불평한다. 이 불평은 보통 남자

---

2 [옮긴이] 이 시위는 미국과 소련의 핵무장 경쟁에 대한 우려가 팽배해진 가운데 제2차 유엔 군축 특별회의 직후 진보적인 여러 세력들이 규합해서 벌인 것이었다. 하지만 당시의 미국 국방 장관이었던 캐스퍼 와인버거(Caspar W. Weinberger, 1917~2006)는 한 방송과의 인터뷰에서 "저는 누군가가 돌진해온다고 해서 우리 정책을 바꿔야 한다거나 집회가 있었기에 뭔가를 해야 한다고 생각하지 않습니다"라고 말한다. 이처럼 시위를 무시하는 발언을 하면서 그는 센트럴 파크에 있던 뉴욕의 시위대를 비아냥댄 것이다.

들은 너무 바쁘고, 돌볼 줄 모르고, 혹은 대개 둔감하다는 내용으로 채워진다. 여성은 남성이 자기 이야기를 듣지 않기 위해서 일부러 스스로를 다그치고 있다는 사실을 받아들이지 않는다. 남성은 여성이 무엇에 관심을 갖는지 그 실체에 대해 알아선 안 되고, 그러한 관심이 초래하는 인적 비용에 대해 이해해서도 안 된다. 그러한 앎과 이해가 수용과 변화로 이어질 수 있기 때문이다. 남성이 여성의 불평에 반응하는 경우는, 화를 내거나 조롱하면서 여성을 떨쳐낼 때거나, 드문 경우지만 손쉽게 어깨나 한번 으쓱대면서 보통은 결코 바로잡지 않을 죄나 실수를 인정할 때이다. 이와 동일한 역학 관계 가운데 일부를 군비 협상에서도 볼 수 있다. 이때 핵심은 다른 편의 입장을 이해하는 것이 아니라 서로 간의 공방 가운데서 우위를 점하는 것이다.

의사소통에서의 이러한 격차는 가부장제에서 중요한 목적을 수행한다. 상대방에게 관리할 수 있을 만큼의 적의를 남겨두는 것이 중요하다. 그렇게 해서 체제의 엔진이 간혹 유휴 상태가 될 수도 있겠지만, 그럼에도 그 시동이 완전히 꺼지지는 않게 되는 것이다. 이는 상대방의 특성을 거부함으로써 자기 목적을 달성해내는 장치이다. 예를 들어 개인적 관계에 대한 것이든, 저준위 방사능의 유전적 영향에 대한 것이든, 남성은 감성적 이슈에 대해 이성적 담론을 고집하곤 하는데, 이것이야말로 여성의 화를 가장 돋우는 남성적 특성일 것이다. 여러 이슈와 문제에 개입된 감정을 고려해야 한다고 고집부리는 것보다 여성적 양식에 대해 더한 경멸을 불러일으키는 것은 아마도 없을 것이다.

　의사소통 격차의 이러한 측면은 페미니즘과 평화운동이 건설적으로 협력하는 데 중요한 장애물이 있음을 보여주는 매우 심각한 문제이다. 특히 생존과 관련한 이슈들이 그렇게나 감성 충만한 환경에서 탐구되는 이 시대에는 더더욱 그러하다. 하버드 대학교의 심리학자 캐럴 길리건Carole Gilligan은 도덕적 추론의 여성적 양상을 조명하는 작업을 선보였는데, 현재로서는 이것이 의사소통의 격차를 좁힐 일말의 희망을 확실히 보여주는 유일한 연구이다(1982).

　페미니즘 소설 『선택』*The Bleeding Heart*(1981)은 이 격차를 가장 적나라하게 보여주는 고전적 사례 연구이다. 이 작품에는 서로 끊임없이 대화를 나누는 두 명의 남녀 주인공이 등장하는데, 이들의 대화는 의사소통 격차의 완벽한 전형을 보여준다. 그 모든 대화를 통해서도 이들은 서로를 완전히 이해하지 못한다. 두 등장인물은 이성을 강조하고 남성적 양식을 그 특징으로 하면서 기존 질서를 지지하는 이들과 돌봄을 강조하고 여성적 양식을 향해 변해가는 변혁의 정책을 옹호하는 이들 사이의 세계관 차이를 첨예하게 살필 수 있는 방식으로 그려진다. 페미니스트 작가인 메릴린 프렌치Marilyn French가 후자의 세계관을 이 커플의 여성 인물에게 부여한 것은 우연이 아니다. 이 여성의 담론은 동시대의 사회구조와 그 구조가 개별적·사색적 인간 존재에게 미친 영향을 눈부시게 고발해내고 있다.

이렇게 서로 다른 심리적 조건 짓기는 위협 체계와 관련한 성性과 성적 행위에도 일말의 서로 다른 태도를 만들어낸다. 여기에는 성별 간 사회적 차이를 강조하기 위해 해부학적 차이에서 재생산 기능 이상의 의미를 부여하는 또 다른 방법이 시도된다. 여성은 아이의 안위에 대한 책임감 때문에 성을 개인적으로 국한하고, 그 성을 가까운 돌봄의 관계 속에, 즉 전통적으로 결혼이라 불리는 관계 속에 자리매김하도록 길들여지는 듯하다. 반면에 남성은 전통적으로 성별 간의 거리와 균열을 유지하기 위해 성별을 대상화하고 탈개인화하도록 길들여져왔다. 이로 인해 대부분의 남성은 사회가 특별한 책임을 부여한 이들, 주로 여성 친족을 제외하고는 사실상 모든 여성을 대상화할 수 있는 것이다.

국민국가는 자국 국민에게 국가 경계 바깥에 있는 이들에 대한 폭력을 수용하도록 격려하지만, 그 경계 내부에 있는 이들에 대한 폭력은 금지시킨다. 이와 마찬가지로 남성은 자기가 책임져야 할 여성은 보호하고 아끼지만, 그 외의 여성에 대해서는 아무런 관심을 두지 않도록 학습받는다. 이러한 심리적 길들이기로 여성은 취약해지면서 남성에게 의존하게 된다. 게다가 그런 길들이기 때문에 남성은 인간 집단 전체를 더욱 손쉽게 대상화하게 되고, 따라서 그들에 대한 폭력 사용을 정당화하는 것도 훨씬 덜 어려워하게 된다는 점은 매우 중요하다. 이렇게 여성은 남성보다 평화에 대한 염려와 전쟁에 대한 공포를 드러낼 확률이 훨씬 높을 것으로 기대된다. 이는 여성의 호르몬 체계에 내재된 것이 아니라, 여성이 인간과 개인적인 것에 초점을 맞추도록 사회적으로 학습되고 길들여졌기 때문이다.

기본적으로 남성은 전사가 되도록, 여성은 아내이자 어머니가 되도록 길들여졌기에, 전쟁터, 회의실, 전문가 회의, 시장을 비롯해 남성이 경쟁하는 그 어떤 장소에서든 전쟁 행위가 벌어지리라는 사회적 기대가 있다. 남성은 항상 전투를 치를 준비가 되어 있어야 하므로, 사회는 좀 더 사적이거나 심지어 친밀한 장소에서도 그들이 훈련할 수 있도록 암묵적 허가를 내주었다. 또한 사회는 성 역할 분리를 통해 차후의 많은 적대 관계를 가능케 하는 그 근본적 관계인 "친밀한 적"을 생산할 수 있도록 남성과 공모한다.

어머니에 대한 총체적 의존이 기초적 여성혐오를 배양했던 것처럼, 남성은 친밀한 적과의 관계 가운데서 합법적 상해, 강간, 살인 등 그 자체로 전쟁인 행위들을 가능케 하는 기제로 움직이는 적을 향한 감정들을 배운다. 이때 친밀한 적은 가장 가까운 인간관계에서 발견된다. 우리가 개별적인 주체가 되기 위해 투쟁을 벌이게 되는 어머니, 우리가 자신의 개성을 유지하기 위해 싸우게 되는 배우자, 우리가 한 남성 혹은 한 여성으로서 개별성을 지키기 위해 몰아내야 하는 존재들, 이들이 바로 우리의 친밀한 적이다. 양쪽 성 모두 친밀한 적과 싸우고 있는 것이다.

우리는 지금껏 인간 존재가 태어나면서부터 전쟁 상태에 내몰린다는 것을 목격해왔다. 이에 관한 가장 파괴적이고 고통스러운 전투는 『성감대에서의 전투』*Combat in the Erogenous Zones* (1972)의 결

성차별주의는 전쟁을 불러온다

과라고도 할 수 있을 것이다. 남녀라는 성별 사이에서의 전투는 친밀한 관계에서뿐만 아니라 한 명의 인간 존재 내에서도 일어난다. 성 역할의 차이에 기반해 (내가 보기에는 획일적이며) 한정적인 형태로 사회화되는 과정을 겪으면서 인간 특성의 전체 범주에서 끊어져 나가는 것에 대해 좌절감을 느끼는 것은 불가피한 일이다. 뉴욕 리버사이드 교회의 담임 목사이자 세계정책연구소World Policy Institute의 이사회 일원이기도 한 윌리엄 슬론 코핀William Sloane Coffin은 자주 이렇게 말했다. "해방이 가장 절실한 여성은 모든 남성 안에 내재해 있는 여성이다."

낸시 초도로Nancy Chodorow도 소년이 개별적 주체화 과정에서 어머니로부터 분리될 때 통상적으로 여성적인 것에 대한 거부가 매우 강력하게 개입한다는 비슷한 지적을 한 바 있다(1978). 초도로와 길리건(Gillian, 1982) 모두 관계보다 개인주의를 강조하도록 이끄는 남성의 발전 과정에서 이 거부가 중요한 요소로 관찰된다고 지적했는데, 이는 남녀 간의 주요한, 그리고 아마도 가장 중요한 차이점일 것이다.

물론 소녀의 분리 과정에서도 어머니, 즉 여성적인 것에 대한 거부가 필요하겠지만, 이를 타인에 대한 거부로 볼 순 없을 것이다. 그런데 사회는 소녀들이 남성적 속성을 확실히 억누르게 한다. 어린 시절에는 양성구유兩性具有[3]가 어느 정도 허용되지만, 사

---

3 [옮긴이] 남성과 여성의 생물학적 조합(자웅동체)에 의한 정체성이 아니라, 사회적·관습적으로 '남성적' 혹은 '여성적'이라고 규정되는 특징이 결합해서 생긴 정체성을 말한다.

춘기에 접어들면 다른 어린아이의 일들과 함께 버리지는 않더라
도 최소한 이를 다른 데 치워둬야만 하는 것이다. 그렇다면 모든
여성의 내면에는 남성의 페르소나가 갇혀 있다고도 볼 수 있을
것이다. 인간 존재가 경험하는 것 가운데 감금이나 노예 상태보
다 더 큰 억압이 있을까? 진정한 자아를 질식시켜 죽이는 것보
다 더 큰 폭력이 있을까? 인간 사회의 구조와 사회적 조건 짓기
는 이처럼 우리 모두를 억압하고 질식시키고 있는 것이다.

군사주의의 뿌리에는 여성혐오가 있다

사회는 동성애에 대한 태도에서와 마찬가지로, 자아를 편협한
성적 태도에 가둬두려고 한다. 특히 남성의 동성애를 경멸하는
데, 여성적 특성을 보이는 특정 남성에 대해서도 이러한 형태의
성적 특성이 있다고 본다. 사회는 "여자 같은"effeminate 사람들이
그러한 특성과 성적 취향을 완벽히 승화하거나 감추어야 할 정
도로 자기혐오에 빠져들게 한다. 이렇게 볼 때, 여성혐오는 예상
될 만한 하나의 조건 정도가 아니라, 남녀 모두가 여성적인 것을
경멸하게 구조화하는 자기혐오의 한 형태이다. 이때 여성도 어
느 정도는 이런 경멸에 가담한다(Brock-Utne, 1981).

몇몇 사회 연구자들은 여성혐오를 사회의 전통적 특성이라기
보다는 동시대의 특성으로 본다. 내 판단으로는, 주요한 사회적

사안에서 여성혐오를 중시하는 인식이 늘어났기에 그로 인해 동시대에 이런 현상이 더욱 선명하게 부각되는 듯하다. 다음과 같은 설득력 있는 관찰을 목도할 때 깨닫는 바가 있다.

성행위를 뜻하는 통속적 용어들이 누군가를 이용하고, 폭행하고, 속이고, 간교한 속임수, 기만, 혹은 우월한 힘을 통해 상대방의 뜻을 강제한다는 의미를 전달한다는 것, 이것이 미국인의 삶의 기저에 흐르는 방향성을 징후적으로 보여준다. 성적 쾌락과 관련된 동사들은 폭력과 심리적 착취에 대한 통상적인 함축 이상의 것을 의미하게 되었다. 폭력적인 게토의 세계에서 성행위와 관련된 폭력에는 매우 강도 높게 어머니, 특히 자기 어머니에 대한 남성들의 반감이 녹아 있는데, 현재 미국 사회 전반에는 이러한 언어가 만연해 있다. (……) 우리의 일상적인 대화에는 성을 공격성과 연결시키고, 어머니에 대한 매우 양가적인 감정과도 연결시키는 그 모든 것들이 스며 있다(Lasch, 1979, pp. 66~67).

〈남자들 사이에서〉*Between Men*(윌 로버츠Will Roberts 감독, 1980)라는 다큐멘터리 영화는, 여성의 대상화가 어떻게 군사주의의 전제 조건이 되는지를 잘 그려내고 있다. 이 영화에는 젊은 남성 여럿이 자신의 군대 경험을 돌이켜보던 중에 여성의 대상화를 깨닫고서, 그 현상이 자신의 비인간화에 어느 정도까지 영향을 미쳤는지를 알게 되는 모습이 묘사된다. 이러한 남성 감수성의 발전은 여성 해방운동에 대응해서 일어난 남성들의 의식 고취 과정을 거치면서 성장해갔다.

마크 페이젠페스토Marc Feigen-Fasteau는 『남성 기계』The Male Machine (1978)라는 책에서 이 현상을 묘사한 바 있다. 그는 엄격하고 전형적인 성 역할 규정이 남성에게 강요하는 부정적 결과를 기록했으며, 그것이 얼마나 여성에게는 공격성을 억제시키고 남성에게는 공격성을 조장하는지 보여주었다. 컬럼비아 대학교 사범대의 패트릭 리는 소년들이 성장할 때 영향받는 역할 기대의 형태가 소녀들의 경우보다 훨씬 엄격하게 규정되어 있고, 면밀히 감시되는 탓에 소년들의 욕구 불만이 더 크며, 이것이 소년과 남성들에게서 보이는 공격성의 원인일 수 있다는 가설을 내놓기도 했다(개인적 의견 교환, 1981).

대상화라는 동전의 반대편은 여성의 이상화인데, 이는 대상화와 마찬가지이면서도 그 나름의 방식으로 비인간적이고 여성에게 억압적이다. 여성의 이상화는 성차별주의와 전쟁 체제, 전쟁의 성적 조건 짓기 사이에 존재하는 또 다른 연결 고리이다. 크리스토퍼 래시Christopher Lasch는 기사도 정신이 여성 착취의 억지 장치로 고안되었다고 지적한 바 있다(1979, p. 189). 물론 기사도는 적과 기사답지 않은 남성, 즉 적절한 규율이나 군사적 통제를 따르지 않는 이들로부터 여성을 보호할 것을 요구했다. 그것은 또한 여성혐오에 대한 억지 장치였을 가능성도 있다(어떤 이들은 기사도에도 그 저류에는 여성혐오가 흐른다고 주장하지만 말이다).

제동장치 없는 여성혐오는 인구 유지를 위협할 수도 있다. 그리고 가부장제가 남성에게 내려준 아내, 아이, 가까운 친족 등에 대한 돌봄과 책임의 심리적 기반을 마련하려면, 당연히 일종의 메커니즘이 필요하다(심지어 지금까지도 얼마나 자주 아무런 처벌도 받지 않은 채 "성스러운" 책임을 저버리고 있는지에 대해서는 메릴린 프렌치가 자기 소설에서 다루었으며, 여러 사회학자들이 관찰해온 바이다. 미국의 아동 학대 중 하나인 근친 성폭력이나 인도의 "지참금 살해" 같은 사례가 그 증거가 될 것이다). 그러나 기사도의 범위는 남성이 이상화해야 하거나 기사도적 보호를 확장해야 하는 특정 여성에게로 한정된다.

오늘날은 권력을 주요하게 드러내면서 물리력을 쓰는 것이 진부해진 기술 시대이다. 그러하기에 "모든 여성은 만만한 먹잇감"all-women-are-fair-game이라고 여기는 증상을 받아들이기 위해 새로운 형태의 위협이 생겨났다. 많은 페미니스트들은 소위 말하는 성혁명이 예전에 여성의 이상화와 기사도 규약을 따름으로써 제공되었던, 성적 착취에 대항하는 보호 가운데 일부를 약화해온 경향이 있다고 지적한다. 베트남 전쟁 때 징병에 대한 저항을 북돋우는 슬로건으로 "아가씨들은 싫다고 말하는 남자들을 좋아해"Girls say yes to guys who say no라는 문구가 있었다. 많은 페미니스트들은 이른바 성혁명이 어느 지경까지 여성의 자율성을 거스르며 작동하는지를 보여주기 위해 이 문구를 인용해왔다. 왜냐하면 성혁명 아래에서 여성들은 덜 보호받는 상태로, 예전의 청교도적 행동 규범들이 여성에게 제공했던 거부라는 선택지 없이 남겨졌기 때문이다. 이 문구는 또한 극단적 급진주의마저도 전쟁 체제를 지탱하는 성차별적 편견의 영향 아래 놓여 있다는 점을 보여준다. 성차별주의와 전쟁 체제 사이의 관계에 대한 내 관점으로 미루어볼 때, 여성에 대한 더욱 극심해진 대상화는 미국 사회의 군사화에 대한 추가적 증거일 것이다.

대상화 및 이상화 현상은 전쟁 체제의 또 다른 착취 요소인 인종차별주의가 성차별주의와 어떤 공통점을 가지고 있는지 드러내기도 한다. 비유럽 출신 사람들은 여성과 마찬가지로 사고팔아도 괜찮은 존재로, 노예제를 비롯한 모든 형태의 착취에 놓여도 좋을 존재로 간주되었다. 그러면서 그들은 고귀한 야만인, 혹은 이성적인 서구 남성의 지혜와 역량을 넘어선 신비로운 지혜와 능력의 소유자로 이상화되기도 했다. 인종차별주의가 군사 기계의 연료로 쓰인다는 점은 흔히 지적되어온 바이다. "민주주의적인" 미국의 군대나 영국, 프랑스, 벨기에의 식민지 부대에서나 모두 백인이 아닌 젊은 남성들이 총알받이 역할을 하는 병사로 비정상적인 비율을 차지해왔다. 여성과 마찬가지로 인종적 소수자는 권력에서 배제되었고, 강제력의 사용에 관한 공적·체계적 의사 결정 과정에도 접근할 수 없었다.

대상화와 이상화 모두 여성의 성을 남성을 위한 도구로 삼고, 여성 고유의 성을 부정한다. 이러한 인식은 여성이 인간 발달에 있어 남성보다 아래 층위를 맡는다는 대중 사이에 널리 퍼져 있는 가정을 뒷받침하며, 권력 행사에서 여성에 대한 배제를 합리화하는 또 하나의 이유가 된다. 몇몇 사회과학자와 사회 평론가들은 군사적 전투와 지휘 계통에서 여성을 배제하는 것이 군사주의와 전쟁을 유지하는 데 도움이 된다고 주장해왔다. 나는 이러한 주장이 성차별주의와 인종차별주의의 연관성을 간과한 것이라고 본다. 소수자를 포함하는 것이 군사적인 힘을 제한하기보다는 넓혀왔다는 증거를 간과한 것이다. 그러나 성차별주의와 전쟁 체제의 연관성과 관련해서 이 이슈는 좀 더 검토해봐야 할 듯하다.

뉴욕주 포츠담에 있는 뉴욕 주립대학교의 정치학자 마일스 울핀Miles Wolpin은 남녀 간의 물리력 차이가 전투에 미치는 영향을 기술이 무화시켰으며, 따라서 "군사 및 준군사 충돌에서 모든 여성의 주요한 개입"을 연구하는 것이 중요하다는 가설을 내놓았다. 울핀의 가설은 암묵적으로 지휘 계통에서 여성을 배제하는 것이 군사주의를 유지하는 데 도움이 된다고 보았다.

인종차별주의는 물론이고 성차별주의의 양상과 억압은 국가라는 강제적 기구가 집행하는 것이다. 전투 부대 및 전투원이 여성을 하나의 집단으로 귀속시키면서 벌이는 차별은 여성에게 동등한 권리가 있음을 부정하는 것일 뿐만 아니라, 상급 장교는 전투 경험이 있어야 한다는 전통적 필수 조건을 들이대며 부대에서 최고 지휘관에 오르지 못하도록 여성들을 선험적으로 배제하는 것이다. 이를 통해 강제적 국가 기구로서의 군대는 남성 주도적 기구로 남을 수 있다(Wolpin, 1981, 이탤릭체는 원문).

이런 문제를 연구 주제로 다룰 수 있다는 것 자체가 평등을 향한 여성의 진보에 있어 중요한 성공 가운데 하나라고 보는 이들도 있다. 반면에 어떤 이들은, 심지어 페미니스트들마저도 군 복무를 할 수 있는 평등한 권리를 갖는 것이 앞으로 내딛는 중요한 한 걸음이라고 여겨왔다. 하지만 이 사안이 여성 집단 사이에서 엄청난 논쟁을 야기했다는 점 또한 주목해야 할 것이다.

전통적인 평화 단체들은 군 복무에 대한 여성들의 저항을 전쟁 및 군사주의에 맞서는 투쟁의 한 형태라고 본다. 반면에 또 다른 이들은 군대가 남녀 동등하게 구성된다면 현재의 군대에 더 많은 제약을 가할 수 있으리라고 본다. 그러면서 군대 내 여성의 존재가 전쟁 행위의 야만성을 경감시키고, 군사력 사용을 결정하는 데 있어서도 신중함을 더하는 계기가 될 것이라고 생각한다. 여기에서 말하는 제약은 두 가지 성차별적 가정에서 유래한다. 하나는 여성이 폭력적 상황을 촉발하고 확대시키는 경향이 적다는 점이고, 또 하나는 여성이 있는 군대와 맞서 싸워야 하는 상대편 부대 남성들은 여성에게 폭력을 행사하는 것을 꺼릴 것이라는 점이다(동일 문화권의 두 군대가 싸울 때, 후자의 가정이

성차별주의는 전쟁을 불러온다

참이라고 증명되어왔다는 점은 주목해야 할 것이다. 그러나 미국의 무장 부대는 미 대륙의 토착민, 필리핀인, 베트남 여성 및 아이들에 대해 전면적인 군사적 폭력을 자행했다).

이러한 가정들은 사회가 젊은 여성보다 젊은 남성을 희생시키려 한다는 보충적 주장과 밀접하게 연관되어 있다. 이 생각은 포르나리의 저작(Fornari, 1974)에서 더욱 강화되었는데, 그는 성인 남성이 성장기의 젊은이들과 권력 행사를 겨루게 되면서 이들을 없애버리고 싶어하는 욕망이 전쟁으로 이어진다는 정신의학 이론을 언급하고 있다(젊은 남성을 통제 및 종속하려는 욕망은 가부장제의 특징이다). 하지만 이러한 이론은 군대와 전투 인력으로 여성을 징병하는 것이 군사주의를 침식하고 전쟁 행위의 발발을 제한할 것이라는 의견에 비해 훨씬 주목받지 못했다. 국제정치학자인 알리 마즈루이Ali Mazrui(1974)와 저명한 역사가 프랜시스 피츠제럴드Frances Fitzgerald(1980)가 주목받는 주장을 펼친 바 있다. 피츠제럴드는 《뉴욕 타임스》 특별 칼럼에 여성이 "신성한 남성 영역을 오염"시키고, 군대에 중대한 변화를 가져올지 모른다는 두려움 때문에 그들을 군대에서 배제한다고 기술했다.

강력한 방위력의 필요성을 지지하는 이들은 여성이 체력적으로 전투에 부적합하고, 전통적으로 용맹한 젊은 남성이 해온 대담한 작전을 수행할 능력이 없기 때문에 그러한 변화가 군을 약화시키는 바람직하지 못한 일이라고 본다. 동시에 군대에 남녀의 수가 같아지면 여성적 가치가 들어오게 될 것이고, 그로 인해 군대가 약해지며 효율적 전쟁 수행 역량이라는 남성적 가치가 훼손될 것이라고 주장한다. 다른 모든 일을 제쳐두고 심지어 기술에 있어서 고도로 진일보한 전쟁 상황실에서 컴퓨터 단말기만 다룬다 하더라도, 여성에게는 전쟁 상황의 스트레스를 다뤄낼 기술이 없다고 보는 것이다.

여성의 입대는 여성운동에 대한 승복이라기보다 여성을 남성 질서 속에 밀어 넣는 일종의 포섭co-optation으로도 볼 수 있다. 이와 관련해 주목할 만한 포섭의 경향 가운데 하나가 여성의 남성화이다. 소수의 여성을 남성 클럽 안에 넣어준 뒤 그들의 목소리를 잠재우고, 더 나아가 페미니스트의 요구로부터 주의를 돌리려는 시도 말이다. 남성 사회에서 제 구실을 하기 위해, 여성은 남성처럼 생각하고 남성처럼 행동하고 실제 남성처럼 보여야만 한다. 커리어를 지향해 임원이 되고자 하는 젊은 여성들에게 패션을 조언하는 것을 보면, 이러한 흐름은 명백히 드러난다. 비즈니스 정장을 입고, 핸드백이 아닌 서류 가방을 들라는 조언 말이다. 여성용 군복의 재단을 보면 여성의 체형이 얼마나 군복에 들어맞지 않는지, 그리고 군복이 얼마나 여성 체형에 맞춰 변형되지 않았는지 분명히 알 수 있다(지금 밀리터리 패션이 그리도 유행하는 것은 사회 전반이 군사화 과정을 거치고 있다는 증거일 것이다).

한때 여성들은 여성적이지 않게 보일 수 있다는 위협에 시달렸고, 이 탓에 사업, 군대, 전문직 분야에 진출하려는 시도가 좌절되곤 했다. 하지만 지금은 압제자의 이미지와 가치를 내면화

성차별주의는 전쟁을 불러온다

한 결과 많은 여성들이 성공을 위해 남성적 특성과 기준을 거의 열렬하다 싶을 정도로 받아들이고 있는 듯 보인다. 이들 가운데 일부는 심지어 자신을 페미니스트로 칭하기도 한다. 많은 여성들이 군 복무를 통해 기꺼이 "자기 나라를 위해 해야 할 작은 일을 행한다". 그들은 그렇게 하는 것이 실제로 여성의 평등권을 위한 것이라고 보는 것이다.

국방에서의 여성의 역할 및 군대와 페미니즘의 적절한 관계에 대해 여성운동 내부에서 이러한 논쟁이 있어왔는데, 이는 안보 정책, 군비경쟁, 군축과 같은 사안에 대한 여성들의 입장에서도 엿보이는 것이다. 예를 들어 의회에서 군대의 예산 편성을 늘리는 것에 대해 여성 의원이 남성 의원보다 찬성할 가능성이 적은 데서도 그러한 측면이 드러난다.

그런데 일부 여성 의원은 대중 연설을 하면서, 특히 선거 기간이 가까워질 때면 남성 의원을 능가할 정도로 "우리의 안보 방어"에 대한 자신의 충성을 선언한다. 이들 가운데 일부는 여성의 권리를 단호하게 지지하면서 평등권 수정안을 위해 활동해온 이들이다. 성공한 여성 정치인 가운데, 국방 정책에 있어 용기의 대부분은 조심성에서 비롯된다는 사실을 깨닫고서 성차별주의와 군사주의의 문제를 언급한 이는 거의 없다. 그들은 성차별주의와 전쟁 체제 사이의 관계에 대해 대중을, 특히 여성 유권자를 계몽하려 하지 않는다.

하지만 주목할 만한 예외가 있는 법이다. 군사주의, 빈곤, 인종차별주의, 그리고 그것들이 성차별주의와 이어지는 고리들에 대해 소리 높여 주장해온 여성들이 있다. 이들은 무책임하거나 억눌러지지 않는 이들로 낙인찍혔고, 종종 ("싸움꾼 벨라"Battling Bella[4]라는 식의) 여성혐오적 별명을 얻기도 했다. 이 여성들의 주장이 기성 질서에 얼마나 큰 위협이 되는지를 보여주는 반응인 셈이다.

이러한 논쟁은 다양한 부류의 여성과 그 단체들이 지지하는 선결 과제와 관련해서도 명백하게 제기되고 있다. 수년 전까지만 해도 젊은 세대 여성들은 설립된 지 오래된 여성 평화 단체 가운데 일부는 반페미니즘적이고, 여성 문제에도 무관심하다고 여겨왔다. 동시에 그런 평화 단체의 오랜 일원들은 페미니즘 단체들이 정의와 평화 같은 근본적 문제에 대해 아무런 관심을 두지 않는다고 보았다.

반전운동을 벌이는 여성과 성차별주의를 으뜸가는 근원적 폭력이라고 보는 페미니스트 사이의 간극은, 여성혐오적 태도와 가부장제 구조에 있어서 성차별주의와 전쟁 체제가 공통된 뿌리에서 비롯되었다는 인식이 거의 없음을 보여준다. 양쪽 모두

---

4 [옮긴이] 이는 베티 프리단, 글로리아 스타이넘과 함께 급진적인 여성운동을 펼쳐 나갔던 미국 여성 해방운동의 기수 벨라 앱저그(Bella Abzug, 1920~1998)를 지칭하는 것이다. 그녀는 1961년 '평화를 위한 여성 스트라이크'(Women Strike for Peace)라는 반전 단체를 창설해 이끌었고 1970년 하원 의원으로 활동하면서 끊임없이 활발하게 페미니즘 의제들을 제기하였다. 그녀에게 붙은 별명이 바로 "싸움꾼 벨라"였는데, 2019년 휴스턴 대학교 사학과의 리앤드라 자르노(Leandra Zarnow)는 이를 책 제목으로 한 그녀의 전기를 출간하기도 했다.

군사주의와 성차별주의를 (관련은 있겠지만) 구별되는 문제라고 생각한다. 그러나 이들 두 문제는 기본적으로 여성혐오의 표출이다. 종으로서의 인간은 그 본성이 공격적이므로 힘에 의해서만 공공질서에 굴복하게 되리라고 보는 군사주의는 남성적 특성에 한정해 인간 본성을 보는 시각, 즉 인간 존재의 총체적 패러다임으로서의 남성적인 것에서 발생한 것이다. 성차별주의는 근본적으로 여성적인 것이 표출되는 그 모든 국면에 대한 편견이다.

타자에 대한 경멸로 나타나든, 자기혐오로 나타나든 간에, 여성혐오는 리처드 맥솔리Richard McSorley 신부가 핵무기에 대해 "사회의 모든 폭력에 뿌리가 되는 원인"이라고 논했던 것(1982)보다 훨씬 더 깊게 뿌리내린 전쟁 체제의 주근主根인 것이다. 이는 군사주의와 성차별주의 모두의 핵심이다. 남성 권력 구조가 전쟁을 배양해온 사회적 토양에서 여성혐오를 완전히 제거하지 않는 한, 전쟁 체제의 뿌리를 뽑아낼 희망은 없을 것이다.

페미니즘, 평화 세력으로 자리매김하다

여성운동은 전 세계적 군축 운동과 결합하면서 중대한 변화를 맞이하고 있는 듯하다. 예전에는 전쟁과 평화라는 사안에, 혹은 군비경쟁에 거의 무관심했던 많은 여성 조직과 단체들이 나날이 늘어가는 핵무기 경쟁과 핵전쟁 가능성이라는 유례없는 위협에 직면하면서 군비경쟁에 대한 입장을 명확히 하고 핵 홀로코스트를 막아내기 위한 행동을 벌이고 있다. 이러한 맥락에서 많은 페미니스트들은 군사화에 내재된 성차별주의의 의미를 들여다보고, 군사화가 특히 개발도상국에서 얼마나 여성의 권리를 심각하게 무너뜨리고 있는지에 주목하면서 가부장제와 전쟁 사이의 관계를 인식하기 시작했다.

그렇게 여성 문제와 평화 이슈를 한데 모으려는 흐름이 시작되었다. 평화운동과 여성운동 사이의 대화를 촉발할 수 있는 학술회의가 수차례 개최되었고, 학술지와 정기간행물에 글과 논문도 발표되었으며, 페미니즘과 군사주의에 관한 책들도 출간되었다. 서로 다른 언어를 구사하는 이들의 감각이 만났다는 점에서 이 대화는 문제적이었다. 이들 두 세력의 합류convergence는 세계 질서 연구가 정치적으로 세계 변혁이라는 이름의 변화를 불러일으키는 데 반드시 필요한 것이었으며, 차후에 살펴보겠지만 시각과 접근법에 있어서 서로에게 유용한 비판적 관점을 제공해주었다. 이러한 수렴의 가능성은 몇 차례에 걸쳐 표출된 바 있다. 여성운동 진영에서는 활력 넘치는 계획들이 나오고 있다. 평화운동 진영에서는 좀 더 신중하고 체계적인 노력을 하고 있다.

평화운동에 가담한 여성들은 남성적 사회화, 그리고 국가 안보 유지에 필요한 군사력을 과도하게 강조하는 것 사이의 연관성을 집중적으로 살펴보기 시작했다(Brock-Utne, 1981; Reardon,

성차별주의는 전쟁을 불러온다

1981). "남자아이에게서 장난감을 빼앗아 치워버려라"Take the toys away from the boys 와 같은 페미니즘의 반전 구호들은 성 역할을 분리시키는 어린 시절의 사회적 조건 짓기가 어떻게 힘과 무기를 쓰는 것에 대한 남성의 사회적 정당화를 강화해왔는지를 인식하고 있음을 보여준다. 이 구호는 성 역할의 고정관념을 유지하기 위해 조장되는 남자아이와 여자아이의 놀이의 차이가 군비경쟁과 모종의 연관성이 있음을 시사한다. 전쟁놀이와 장난감 무기에 흥분하며 재미를 느끼는 남자아이들은 자라면서 군축과 전쟁 철폐에 호의적일 가능성이 적다(어떤 이들은 경험이나 교육을 통해 외관상 몸에 밴 태도를 바꿀 수 있으며, 초기의 사회화가 되돌릴 수 있는 일임을 입증하기도 했다).

　페미니즘 조직과 출판물들은 군대가 본질적으로 남성 우월주의적이면서 여성혐오적이라는 점, 그리고 전 세계적인 군사화에 내재된 성차별주의에 주목하고 있다. 페미니스트들은 전쟁/위협 체제가 여성을 제자리에 묶어두는 주요한 수단이라고 보면서, 가부장제의 사회구조와 군대 조직 사이의 근본적인 유사성을 특히 강조해왔다. 이들은 여성들이 군 복무를 평등을 향한 길로 받아들이지 않도록 간곡하게 설득하면서, 차라리 윤리와 양심을 바탕으로 군 복무에 저항해온 형제들과 함께하자고 독려해왔다. 이 남성 저항자들은 흔히 겁쟁이이고 여자아이처럼 나약하거나 여성화되었다고 비난받아왔는데, 사실 이들은 전통적으로 남성보다 여성과 결부된 생명에 대한 존중을 보여줘왔던 것이다. 이들은 살인에 대한 금기를 자신의 종족 및 국가 너머로 확장시켰으며 페미니즘 너머로 한 걸음 더 나아간 뒤 진정한 인본주의에까지 다다랐다. 게다가 더욱 중요한 것은 어떤 이들이 자기 내부에 있는 타자를 인식하기에 이르렀다는 점이다.

해방의 과정에 있는 여성들이 (긍정적인 측면, 그리고 부정적인 힘 모두에 있어서) 자기 내부의 남성성을 인정하게 되는 것처럼, 몇몇 남성들도 자기 내부의 여성성을 인정하고 심지어 그것을 끌어안게 되었다. 우리 안의 타자를 인정하는 것은 원초적 상처를 치유하고 공존하는 인간화 과정을 마련하는 데 있어 근본적인 것이다. 이것이 원수를 사랑하라는 기독교의 명령이 품은 메시지 가운데 하나일 것이다. 진정 공포를 불러오는 이가 우리 내부에 있다면, 그 모든 복잡성과 약함을 지닌 우리 자신을 사랑하고, 우리의 여성적이고 남성적인 측면 모두를 사랑하는 치유 과정이 필요할 것이다. 적(타자)에게 인간성을 부여하는 이러한 확대의 행위는 성차별주의를 넘어서고, 상존하는 강간의 가능성에서 여성을 해방시킨다. 또한 전쟁 체제에 속박된 상태로부터, 핵무기 경쟁이 초래한 멸절의 위협으로부터 인류를 해방시키는 데 필요한 근본적 요건이다.

페미니즘 진영은 여성에 대한 폭력과 전쟁 체제 사이의 관계에 대해 아직은 폭넓은 관심을 보이지 않고 있다. 하지만 군축 운동에서 페미니즘적 측면은 점차 중시되고 있으며, 평화 연구 집단에도 이는 작지만 개념적으로 중요한 영향을 미치고 있다.

지금의 여성운동이 강조하는 평등에서 여성에 대한 폭력과 전쟁 체제 사이의 관계가 더욱 큰 의미를 갖게 될 가능성은 농후하다. 힘에 의한, 특히 잠재적으로 치명적인 힘에 의한 위협의 상존은, 구조에서든 사람들 사이에서든 어떤 형태의 관계에서나 매번 진정한 평등을 가로막는다. 페미니스트들은 이를 알고 있으며, 선택적으로 평등을 추구할 수 없다는 점 또한 이해하고 있다.

인종차별주의와 성차별주의의 연관성이 점차 선명해지면서, 억제와 식민주의의 연관성 또한 명료해지고 있다. 식민주의는 그간 민족주의의 도전을 받아왔지만, 여전히 제3세계를 동시대적인 형태로 제1세계의 경제적 종속 상태에 묶어두고 있다. 이와 유사하게, 제1세계 여성은 선거권을 쟁취했음에도 불구하고 경제 체제를 운영하는 남성에게 계속 경제적으로 의존하고 있다 (Reardon, 1977b). 제1세계는 교역의 조건과 기술 이전을 통제하면서 지속적으로 세계경제 체제를 지배하고 있다. 남성은 임금 차별과 경제적 권력 구조를 통해 여성을 배제하고, 이로 인해 하나의 집단으로서의 여성은 남성에게 종속된다. 이 두 가지 사례는 지배를 유지하는 데 있어서 강제적 종속이 어떻게 운용되는지를 보여준다.

공업국의 군사화는 세계경제를 지배하려는 욕망에서 비롯된 것으로 간주된다. 미국에서 이 인과 관계를 가장 설득력 있게 그려낸 이가 여성 평화 연구자이자 방어군축연구소Institute for Defense and Disarmament Studies의 소장인 랜들 포스버그Randall Forsberg (1982)라는 점은 상당히 흥미롭다. 군비경쟁의 경제적 결과는 여성 경제학자이자 월드 프라이어리티사World Priorities, Incorporated의 이사인 루스 시버드가 매우 충실하게 기록했으며, 가장 널리 전파한 바 있다.[5] 효과적이고 단호한 행동은 물론이고 폭넓게 인정받는 진지한 연구에서도, 평화와 군축에 대한 여성의 전통적 관심은 점차 강화되어가고 있다.

한편 페미니스트들은 얀 오베르가 밝혀낸 군비경쟁과 구조적 폭력 사이의 공생 관계를 연구하기 시작했다. 이들은 그러한 공생 관계가 여성에게 가한 충격에 대해, 그리고 그것이 어떻게 일반적으로 만연해 있는 성차별주의의 문제를 밝혀줄 수 있을지에 대해 특별한 관심을 보이고 있다. 또한 개발의 관점에서 이 관계를 살펴보는 작업들도 상당히 시사적이다. 오스트레일리아의 페미니스트 평화 연구자 로빈 번스Robin Burns는 다음과 같은 관찰을 내놓았다.

> 구조적 의미에서 폭력은 저개발, 평화의 부재 상태,peacelessness 그리고 생물학적 특성에 기반한 차별을 한데 묶는다. 구조적으로 폭력적인 상황이란, 권력 집단이 피지배자들의 권력뿐만 아니라 자기 자신을 규정할 권리까지 빼앗는 식으로 그들의 권리 획득 수단을 통제하는 것을 뜻한다.

---

5 [옮긴이] 그녀는 1976년부터 1996년까지 거의 매년 『세계 군사 및 사회 지출』이라는 보고서를 편집·발행했다.

성차별주의는 전쟁을 불러온다

따라서 (1) 평화를 전쟁의 부재가 아닌, 긍정적 사회와 문화적 목표의 획득으로 정의한다면, *개발과 평화*는 상호 연결된다. 부유하고 권력 있는 자들에게 이익이 되도록 개발을 제한하거나 왜곡하는 억압적 구조는 군비를 정당화하기 위해 불안을 이용하고, 부분적으로는 대안적 사상과 그에 대한 접촉을 부정하는 방법을 통해 보통 사람들을 자신의 어리석은 짓에 끌어들인다. 폭력은 군비에 소요되는 자금의 규모를 통해서도 알 수 있는데, 개발 원조 자금의 규모와 비교해본다면 더욱 명확해질 것이다. 자원이 인간의 운명을 개선하기보다는 파괴하고 위협하는 데 쓰이고 있는 것이다. 여기에서 특별히 주목해야 할 것은, 첨단 기술 개발이 점차 군과 연관되어 진행되고 있고, 세계 과학자 가운데 3분의 1이 군사 및 준군사 연구에 묶여 있으며, 게다가 그것이 "개발 모델"로 암시되고 있다는 점이다 (Burns, 1982, 이탤릭체는 원문).

평화 활동 진영의 여성 단체들은 대중이 이러한 연관성에 관심을 기울이도록 노력하고 있다. 북아일랜드의 '피스 피플'Peace People 운동은 특수한 폭력적 충돌에 대응하여 두 명의 여성이 발족한 것이지만,[6] 이는 비폭력의 전통이자 합법적 제도로서 전쟁

---

6 [옮긴이] 1960년대 후반 북아일랜드에서 가톨릭과 성공회 사이의 갈등이 분출되면서 유혈 사태가 벌어졌다. 이에 메어리드 코리건매과이어(Mairead Corrigan-Maguire, 1944~)와 베티 윌리엄스(Betty Williams, 1943~2020)는 '피스 피플'을 설립하고 평화운동을 벌여 나갔다. 이들은 이 공로를 인정받아 1976년 노벨 평화상을 수상했다.

을 일소하려는 신新폐지론자들에게 윤리적 영감을 주는 주요 원천이 되고 있다(*New Abolitionists*, 1978).

이러한 노력 가운데 일부는 자연 발생적인 듯 보이지만, 실제로는 남성의 공적 영역에 여성의 사적 가치가 침투하면서 (흔히 절박함으로부터 촉발되어) 불가피하게, 하지만 체계적으로 나타난 것이다(Reardon, 1975c). 유럽의 평화여성회Women for Peace 운동, 미국의 여성 펜타곤 행동,Women's Pentagon Action 잉글랜드의 그린햄 커먼Greenham Common 기지에서 일어났던 여성 반핵운동 등은 사적이고 개인적인 여성의 가치에서 영감을 받아 정치적 목적의 대중 행동으로 옮아간 좋은 사례들이다.

평화여성회 운동은 증가 일로에 있는 핵 위협을 수동적으로 받아들일 수만은 없었던 스위스의 앤 보카치오Ann Bocaccio가 스칸디나비아의 여러 여성들과 함께 벌인 운동이다. 이들은 초강대국 지도자들에게 핵무기 경쟁 종식을 요구하는 편지를 써달라고 여성들에게 촉구하는 캠페인을 벌였다. 또한 대규모의 국제 평화 행진을 조직했으며, 제2차 유엔 군축 특별회의가 개최되는 시점에 모스크바로 행렬이 도착하도록 계획을 잡기도 했다.[7]

여성 펜타곤 행동은 미 국방성인 펜타곤에서의 시위와 여타의 대중 행동 및 페미니즘 행사를 통해 반군사주의 운동에 페미

7　[옮긴이] 이 특별회의는 1982년 6월 7일부터 7월 9일까지 미국의 뉴욕에서 진행되었다. 이때 뉴욕을 비롯한 세계 각국의 도시에서 미국과 소련의 군비경쟁에 반대하는 대규모 시위가 벌어졌다. 평화여성회는 바로 이때 평화 행진의 목적지를 모스크바로 잡았으며, 300명의 스칸디나비아인들이 행진을 벌였다.

니스트들을 동원했다. 이는 군사력에 투입되는 과도한 자원으로 표상되는, 괴물과도 같은 과시의 확대에 대한 대중의 문제의식을 고양시킨 활동이었다. 또한 군사력에 자원을 우선적으로 배분하는 것이 어떻게 기초적인 사회 서비스, 보건과 교육, 취업에 여성들이 접근하는 것을 계속해서 가로막아왔는지에 대해 강조했다(Women's Pentagon Action, 1980).

그린햄 커먼의 여성들이 보여준 용기와 끈기, 창의력 등은 전 세계의 탄성을 자아냈다. 그들은 잉글랜드에 있는 미국의 크루즈미사일 기지에서 야영을 했는데, 이는 전 세계에서 벌어진 유사한 운동들에 영감을 주었다. 야영을 포함한 장기 투쟁 기간 동안, 그들은 국제 강연 여행을 기획했고 간혹 체포로까지 이어지는 시위에 참여하기도 했다. 비록 미국의 미사일 설치를 막아내진 못했지만, 그들은 결코 포기하지 않았다. 미국 대통령과 국방부 장관을 상대로 집단소송을 걸며 법적 행동에까지 나선 것이다. 이는 페미니즘적 영감을 불러일으켰을 뿐만 아니라 대중 교육에도 기여한 움직임이었다.

주요한 연구 사안으로서 전쟁 제도에 대한 관심이 커지면서 평화 및 세계질서 연구의 흐름이 촉발되었는데, 이와 함께 평화와 관련한 두 분야와 여성 연구의 통합 가능성도 대두되었다. 그중 가장 기대되는 것은, 앞서 언급한 바 있는 구조적 폭력과 군비경쟁 사이의 관계에 대한 통찰이다. 또한 그 잠재력을 드러내기 위해 더욱 탐사가 필요한 연구 분야는, 개발에서의 여성 문제이다. 여기에서는 군비경쟁에 내재된 문제들과 밀접하게 연관되어 있는 구조적 문제가 제기된다. 이 외에 일반적으로 여성의 권리와는 구별되는 분야로 간주되는 인권 문제가 있다(컬럼비아 대학교 인권 센터가 여성의 권리와 인권을 통합적으로 고찰하고 있는 것은 주목할 만한 예외 사례이다). 권위주의, 군사주의, 군사화 등은 전쟁의 원인으로서 가부장제를 진지하게 검토하는 기반이 되어준다. 마지막으로 세계질서 연구는 전 세계적인 문제를 분석할 때 포함되어야 할 주요 변수이다. 최근에 이 연구는 문화에 대한 관심을 보이고 있는데, 이는 문화에 내재된 성차별주의와 성차별적 가치의 본래 성격, 그리고 그 영향을 탐구할 길을 열어준다.

사실상의 군사화라 할 수 있는 여성의 남성화, 그리고 여성에 대한 실질적·상징적 폭력의 증가에서 우리는 가부장제가 이러한 흐름들과 페미니즘의 성장 가운데서 어떤 도전을 받고 있는지에 대한 근본적 인식을 엿볼 수 있다. 이는 또한 폭력에 저항하고 군비감축을 지지하는 새로운 집단들을 동원하는 데 있어 여성 평화운동가들이 얼마나 유효한지를 명확하게 입증해준다. 심도 깊은 차원에서 보자면, 페미니즘은 폭력의 과정에 개입한다는 의미에서뿐만 아니라, 더 중요하게는 평화를 위한 활력 넘치는 힘이라는 의미에서 강력한 평화 세력으로 인식된다. 그것은 성차별주의에 뿌리를 두고 있으며, 성차별적 가치에 의해 강화되었고, 남성 우월주의적 행동으로 영속화된 바로 그 폭력을 뛰어넘을 힘이다.

이러한 평화 세력은 여성적 가치의 결실이며, 여성적 기술이 표현된 것이다. 긍정적인 여성적 가치는 사람들 사이에 실재하며 인도주의적이다. 평화적 가치라는 맥락에서 보면, 이 가치는 추상화되고 제도화된 세계질서의 가치를 보완하면서 여기에 생명을 불어넣는다. 나는 그 유래와 형태를 고려하여 이러한 제도적 가치를 남성적 가치로 분류하고자 한다. 긍정적인 남성적·여성적 가치는 진정 평화롭고 공정한 사회질서를 성취하는 데 있어 필수적인 지침이고, 부정적이고 왜곡된 남성적·여성적 특성은 평화와 정의에 중대한 장애물이다. 모든 긍정적 가치는 남녀 모두가 감싸 안고 발전시켜야 할 인간의 가치이다. 긍정적인 남성적 가치는 주로 남성들이 공적·공동체적 역할에서 추구해왔으며, 긍정적인 여성적 가치는 사적인 가족 내의 역할에서 여성들이 추구해왔다.

공공 정책을 결정할 때 절실하게 필요한 가치들은 후자에 속하는데, 다양성, 협력, 돌봄, 평등, 공정함, 사랑, 근원적인 생명 긍정 등이 그 실례이다. 긍정적인 여성적 가치는 인쇄 및 전자 매체에서 대중 토론의 탐구 대상으로도 부상하고 있다. 여기에서 이 가치를 정의하고 분류할 필요는 없겠지만, 이는 평화와 정의를 위한 수많은 여성 활동의 원천이며, 많은 남성들이 이 운동에 참여하게 된 동기가 되는 중요한 요소였다는 점을 밝혀두겠다. 또한 평화를 위한 지식 기반을 구축하려는 남녀 연구자들의 학술 작업 가운데 일부, 특히 긍정적 평화와 관련한 연구에 이 긍정적인 여성적 가치가 영향을 미쳤다(전쟁 없는 상황을 만드는 데 필요한 정의와 공정이라는 조건, 즉 긍정적 평화는 여성적 가치가 깊숙이 스며든 개념이다). 그러나 이러한 가치는 이 분야에서 정당한 중심적 위치를 부여받지 못했다. 여성적 가치들도, 점증하는 여성의 참여도 평화운동 혹은 평화 연구의 중심적 관심은 아닌 것이다.

우리는
그 무언가를
넘어서야만
한다

페미니즘,
평화운동,
국제정치학의
한계에 대하여

내가 성차별주의와 전쟁 체제 사이의 관계를 처음 살펴보고서 평화 연구자들에게 이 문제를 제기할 무렵의 일이다. 한 평화 연구자는 나에게 평화 체제의 내부, 즉 기존 평화 연구의 "기득권층"이 가진 성차별주의를 연구 주제로 삼는 것이 좋겠다고 말했다. 이 발언은 페미니스트들이 평화 연구에 대해 품고 있던 근본적 인식을 보여준다. 평화 연구는 여성 및 여성 문제가 사실상 배제된 또 하나의 분야인 것이다. 평화 연구자로서 그들은 여성에 대한 배제도, 여성과의 관계도 들여다보지 않으려고 했다. 정치인의 경우도 마찬가지였다.

제1차 세계대전이 끝난 뒤, 국제여성평화자유연맹Women's

International League for Peace and Freedom은 1919년 파리 강화회의에 새로운 전쟁을 피하기 위한 방안들을 담아 제안서를 보냈다. 이 단체의 초대 사무총장인 에밀리 그린 볼치Emily Greene Balch 가 1946년 노벨 평화상을 받았을 때, 노벨 재단의 이사장 군나 르 얀Gunnar Jahn은 이렇게 말했다. "국제여성평화자유연맹이 1919년 강화회의에 보냈던 제안을 강화회의에서 수용했더라 면, 이는 무척이나 현명한 결정이었을 것입니다. 하지만 이 여 성들의 목소리에 귀 기울이는 남성은 거의 없었습니다. 강화회 의의 분위기는 매우 격렬하면서도 복수심에 차 있었습니다. 그 리고 무엇보다도 이 제안은 여성들이 제출한 것이라는 팩트가 있었습니다. 우리의 가부장적인 세계에서는 여성들이 하는 제 안을 거의 대부분 진지하게 받아들이지 않습니다. 때로는 남성 들이 그 거들먹거리는 미소를 거두는 게 좋겠습니다"(Brock-Utne, 1981).

동시대의 평화 체제에 대해서도 같은 지적을 할 수 있을 것이 다. 여성운동과 평화운동 사이의 격차는 학회나 연구자들의 커 뮤니티에서도 나타난다. 동일한 근본 원인에서 유래하는 갈등을 이해하고 해결하는 데 페미니즘 학자와 평화 연구자가 적용하는 이론과 전략이 다르다는 점에서, 이는 지극히 심각한 분열이다. 그 결과 이들은 각각 진정으로 충분하게 관련 지식을 끌어내지 못했고, 효율적 정책을 고안해내지도 못했다. 또한 양쪽 모두 상

성차별주의는 전쟁을 불러온다

대편의 불충분함을 더더욱 의식하게 되었다. 하지만 착취 및 폭력의 극복이라는 이들 공통의 관심사에 대해 개별적으로 조사한 내용에서 얻은 통찰들을 통합할 때 그 불충분함을 크게 줄일 수 있다는 점을 양쪽 모두 인정하지 않았다. 페미니즘 진영은 평화 및 세계질서 연구에서 여성과 여성의 관점을 배제함으로써 나타나는 불충분함을 상당 부분 비판해왔다.

평화 연구는 전쟁처럼 남성적인 활동이다. 소수의 여성 학자들이 이 분야에서 연구를 진행하고 있고, 여성들이 그간 중요한 평화 활동가였다는 사실에도 불구하고, 평화 연구는 남성적 관점을 표출해왔다.

평화 연구의 주류 담론은 (학술지에 실린 논문들에서 알 수 있듯이) 수량적 행동주의자들quantative-behaviourialists과 비판적 평화 연구 집단의 두 진영으로 나뉘어 있다. 이러한 분리는 약간의 오해를 불러일으키도 한다. 후자 가운데 일부는 숫자를 활용하고, 전자 가운데 다수는 후자가 논의하는 가치와 희망을 정량 분석하려고 하기 때문이다. 이들 두 진영 사이에서 폭력이 무엇인지, 그리고 그 폭력을 어떻게 인식하고 측정할지에 대해 합의가 이뤄지진 않았지만, 이들은 날카로운 비판을 도출해냄으로써 폭력을 직접적·개인적 층위에서, 그리고 간접적·구조적 층위에서 연구해야 한다는 점을 지적한다.

폭력이 남녀에게 달리 경험, 참여된다는 것에 대한 인식이

4장 | 우리는 그 무언가를 넘어서야만 한다

결여된 점은 이 논쟁에서 주목해볼 부분이다. 이 결여는, 내가 보기에는 앞선 논쟁이 빈곤하고 무용하기 때문에 생긴 것이다.

평화 연구는 평화를 야기하는 것을 그 목표로 한다. 유르겐 데드링Juergen Dedring이 지적했듯이, 그것이 "평화 연구의 대부들(원문의 표현)이었던 평화주의자와 활동가들"의 희망이었다. 연구 자체로는 아무런 쓸모가 없다. "인간men(원문의 표현)과 사건에 영향을 줄 기회"가 있어야만 한다.

평화 연구가 권력에 대해 얼마나 무지했는지 생각해본다면, 이러한 영향력의 결여는 놀라운 일이 아니다. 베르니스 캐럴Berenice Carroll은 1972년 평화 연구에서 보이는 권력 개념의 부적절함과 "권력 숭배"의 위험성을 비판하는 매우 탁월한 논문을 발표한다. 이 문제와 개념들은 학술지에서 다뤄지지 않았던 것들이었는데, 보아하니 아무도 이를 귀 기울여 듣지 않았다. 평화 연구자들이 권력에 무지하다고 비판할 때, 내가 말하는 권력이란 권력 일반으로, 특히 세계에서 남성의 지위와 이익을 뜻한다. 권력 행사는 계급 구분은 물론이며, 젠더를 따라서도 이뤄진다. 그리고 권력을 휘두르는 것은 보통 남성이다 (Roberts, 1982).

한편 세계질서 및 평화 연구 진영에서는 페미니즘을 비판하면서 그것이 사실상 모든 억압 체계를 유지하는 중대한 체계적·구조적 불평등에 적절한 관심을 기울이지 못했다는 점을 강조한다.

페미니즘은 진정 세계의 구조에 맞서 도전하고 있는가

하나의 연구 분야로서는 말할 것도 없고, 정치 운동으로서 동시대 북미의 주류 페미니즘에 대해 내가 비판하고 싶은 지점은 주로 구조적 고려가 부재하다는 것이다. 구조적 관점의 부족 때문에 전쟁과 전쟁 체제에 대한 페미니즘적 접근을 시도할 때 심각한 한계를 보이는 듯하다. 세계질서 분석가들 역시 정치·경제·사회 문제, 특히 폭력 문제에 접근할 때 구조 분석이 결여되어 있고, 전체 체제의 특성에 충분한 관심을 기울이지 못하는 점이 페미니즘적 관점의 주된 한계라고 보고 있다. 세계질서 연구는 가치 성취 역량의 관점에서 체제를 분석하는 것을 그 목표로 삼고 있다. 그러하기에 세계질서 옹호자들은 페미니스트들이 구조적·체계적 기반에 대해 분석하지 않고서는 근본 문제에 대해 유효하거나 적절한 진단을 내리지 못할 것이라고 말한다.

1976년 벨기에에서 열린 국제 여성 대상 범죄 재판International Tribunal on Crimes Against Women은 페미니즘적 관점의 제한된 시야를 보여주는 사례 중 하나이다. 물론 여성 억압에 대한 대중 의식을 고취하는 이벤트로서, 이 재판은 유효했다. 첫째, 수많은 범죄 가운데 여성 대상 범죄로 분류할 수 있는 것들을 특정하고 문서화했다. 둘째 "민족주의를 깨뜨리고 나온 중대한 성취, 즉 가부장제에 반대하는 세계 여성들의 결속"을 이뤄냈다.

그런데 재판소의 공식 보고서는 여성 억압의 주요 원인으로 군사화에 대해서나, 다국적기업의 경제 통제에 대해서나 염두에 두고 있지 않다고 해도 좋을 정도였다. 정치·경제 구조에 대해서도 아무런 언급이 없었다. 이 보고서는 매우 협소한 틀을 참조해 작성된 것으로 보이며, 특히 군사주의와 신식민주의의 징후에 대해서는 인지하지 못한 채 전통적 형태의 가부장제에 대해서만 비난하고 있다. 이는 남성 지배적 국제정치의 초월을 어느 정도 보여주는 것인데, 주요 주장 가운데 하나인 다음 문단은 이러한 시각의 협소함을 드러내 보여준다.

> 예컨대 이스라엘 참가자들은 "이 법정에서 시작된 아랍 여성과 유대인 여성 사이의 대화가 국제 페미니즘의 틀 안에서 이어져야 한다"라고 제안했다. 여성으로서 우리는 여성에 대한 억압이 남성에 의한 것이지, 적대국에 의한 것이 아님을 알고 있다. 본 재판소는 이스라엘 여성과 아랍 여성이 한데 모여 서로를 규탄하기보다는 그들 자신의 사회에서 자행되는 여성 억압을 공개적으로 규탄한 첫 번째 국제회의이다(International Tribunal on Crimes Against Women, 1976).

나는 세계 권력 균형의 변화는 말할 것도 없고, 자신에 대한 억압을 자기 나라의 남성들보다 서구 제국주의 때문이라고 보는 아랍 여성들이 이러한 진술을 했다는 점이 적잖이 의심된다. 제3세계 여성으로서 그들은 자기 사회의 모든 사람들이 남녀 가릴

성차별주의는 전쟁을 불러온다

것 없이 억압받고 있다는 것을 알고 있다. 이러한 사회의 여성들은 확실히 더 많은 억압을 받고 있는데, 서구 페미니스트들의 분석에서 충분히 설명하지 않은 전체 체제의 일부가 그들을 억압하고 있는 것이다.

사실 "우리는 여성에 대한 억압이 남성에 의한 것이지, 적대국에 의한 것이 아님을 알고 있다"라고 주장하는 것은 성차별주의적 억압과 동시대의 경제적 부권주의父權主義를 강화하는 구조를 무시할 뿐더러, 국민국가에 그들이 갖지 못한 일정한 자율성까지 부여하는 것이다. 이는 전쟁 체제를 지원하는 또 하나의 주요 요소인 주권 신화를 강화하는 것이다. 또한 이 주장은 국민국가와 연관된 모든 국제 구조가 본질적으로 가부장제적임을 밝히는 데도 실패하고 있다.

그러나 구조 분석이 부족한 점을 마르크스주의 페미니스트, 혹은 일부 제3세계 페미니스트의 탓으로 돌리기는 어렵다. 이러한 여성 학자 가운데 상당수는 여성 해방을 보다 넓은 세계적 정치 투쟁의 일환일 뿐이라고 생각하기 때문에, 자신을 페미니스트로 규정하지도 않을 것이다. 하지만 여성 해방이란 가정 내 속박이나 여러 형태의 퍼다purdah[1]에 저항하는 투쟁에 그치지 않으며, 무엇보다도 제국주의, 특히 자본주의적 제국주의의 억압적 경제구조에 맞선 투쟁이다. 일부 여성 학자들은 성차별적 억압

---

1 [옮긴이] 이슬람 문화권에서 여성들이 바깥 남자들의 눈에 띄지 않도록 집안의 별도 공간에 살거나 얼굴을 가리는 것을 말한다.

의 원인으로 가부장제 개념을 거부하고, 그 원인을 자본주의적 제국주의에 돌리기도 한다. 평화연구교육개발협의회Consortium on Peace Research, Education and Development가 주관한 여성정치참여 국제 심포지엄International Symposium on Women's Political Participation에서 이러한 주장이 제기되었다(COPRED, 1978b).

성차별주의가 자본주의적 제국주의 탓이라고 말하는 것은 크리스토퍼 래시가 성차별주의는 인간 역사를 관통해 여러 형태로 존재해왔고, 자본주의만을 그 원인이라고 볼 수 없다(1979, p. 206)고 지적했던 바를 무시하는 것이다. 심지어 낸시 초도로도 그녀의 연구 가운데 젠더에 대해 묻는 한 인터뷰에서, 자신의 작업이 "마르크스주의 페미니즘 이론을 만들어보려는 시도"였지만 "남성 지배를 이해하기 위해서는 자본주의 분석 이상의 것이 필요하다"라고 말했다(Thurman, 1982). 거시사적 시각으로 페미니즘을 바라보면, 마르크스주의 역시 가부장제에서 파생되었음을 밝히는 논의도 가능한 것이다.

평화연구교육개발협의회 세미나의 주최 측 보고서에는 다음과 같은 주장이 실려 있다. 페미니즘에서 가부장제를 강조하는 관점과 제국주의를 강조하는 관점, 이 두 가지 관점 사이에서 벌어지는 충돌이 세계 변혁 과정에서 진정 유효한 세력이 되어가고 있는 여성운동에 장애물이 되고 있다는 것이다(COPRED, 1978a). 평화 세력과 변혁의 힘으로서 페미니즘이 갖는 진정한 잠재력은 여성 억압의 보편성과 여성적 가치의 교차 문화적 공통성 안에 존재한다. 지구적 규모로 중요한 변화를 가져오는 힘은 지구적 현상에 뿌리를 두어야 한다. 그것은 대개의 인간 문화권에 공통된 가치 기반에서 유래해야 하는 것이다. 근본적으로 긍정적인 여성적 가치는 아마도 인간 가치의 조합 가운데 가장 보편적인 가치일 것이다.

일부 페미니즘 저작에서 엿보이는 또 하나의 부분적이고 제한적인 경향은, 정치·사회 문제 등으로부터 여성 문제를 분리해낸 뒤 그것만을 중심에 두고 사고하는 것이다. 페미니즘 분석에서는 분명 문제들을 여성적 관점에서 바라볼 필요가 있다. 모든 공공 정책 문제에 대한 진단을 내릴 때 근본적으로 그것이 여성에게 미치는 특정 영향은 연구되어야 할 것이다. 하지만 한 이익집단에만 부합하는 진단은 그 특정 이익집단이 인간 종족의 절반을 차지할지라도, 연관된 다른 집단의 이익에는 부합하지 않을 수 있다.

이러한 배제는 확실히 여성에게 부정적 영향을 끼쳐왔다. 특히 경제적·사회적 사안과 관련된 공공 정책, 그리고 개발의 영역에서 이 영향은 더욱 컸다. 원대한 목표로서 좀 더 인도주의적인 세계 사회를 위한 연구이자 정치적 행동을 염두에 두고 있다면, 분명 어떤 문제와 관련된 가능한 한 많은 집단의 가치와 영향을 고려해야만 한다. 이익과 가치의 충돌을 해결하지 못하더라도, 최소한 이에 대한 고려는 해야 하는 것이다.

가령 제3세계의 마르크스주의 페미니스트들은 유럽과 미국의 페미니스트들을 문제의 일부로 인식하고 있다. 유럽과 미국의 페미니스트들이 제3세계를 억압하는 세계 정치·경제 구조에 맞서 도전하는 데 실패했기 때문이다. 이들이 억압의 주요 세력으로 자본주의를 상정하는 것을 거부하고, 여성 억압을 계급 문제로 분석하기를 거부하는 것은 마르크스주의 페미니스트들과의 논쟁 지점이다. 어떤 해결책에 다다를 수 있는 게 아니라면, 이러한 이해 충돌은 관련된 모든 이들이 바라 마지않는 세계를 만들어내는 데 심각한 장애물이 될 수 있다. 그것은 분명 억압의 일반 체계를 넘어서도록 나아가는 전진을 늦출 것이다.

그런데 이익을 분리해서 바라보는 것은 대개의 억압 집단들이 "의식화 운동"conscientization을 벌일 때 공통적으로 경험하는 단계이며, 어떤 억압의 사례를 분석할 때 충분치 않을 수 있겠지만 필수적인 부분이라는 점은 기억해둬야 할 것이다. 피억압자들은 자기 이익이 지배 집단의 이익과 어떻게 구별되는지 완전히, 그리고 명확히 인지해야만 한다. 동시에 그들은 사회규범과 지배적 정치·경제 제도를 수용함으로써 압제자와 피억압자 사이에 지속된 갈등을 계속 억제하고 위장하는 행위의 변치 않는 결과를 이해해야만 한다.

평화운동 진영 내부에서 여성들이 실제로 겪었던 경험(커피를 내리고, 등사기를 "담당"하고, "활동가들"에게 여성으로서의 위안을 주는 정도로 취급받는 것)과, 여성 억압과 전쟁 체제 사이의 연관성 및 관계를 들여다보는 것에 대한 평화운동의 실패는 분리주의의

성차별주의는 전쟁을 불러온다

타당한 이유가 된다. 베트남에서의 경험이 그 사례일 것이다.

　　역사 기록 문제로 윈터 솔저 진상조사Winter Solidier Investigation[2]
가 소집되었을 무렵, 페미니즘 운동과 반전운동은 서로 다른
길을 걷고 있었다. 이들은 상대 운동을 배제한 채 각자의 문제
에 빠져들어 있었다. 운동 참여자들의 에너지, 이데올로기, 우
선순위에 대한 감각이 이리저리 휩쓸리고 있어서 참여자들은
적잖은 씁쓸함을 느끼고 있었다. 이 시기에 페미니즘적 대의
에 전적으로 헌신하던 한 여성으로서 나는 수차례에 걸쳐 반
전 시위에 참여하고, 연설하고, "나의 자매들을 데리고 나와달
라"라는 요청을 받았다. 거기 나와서 "평화운동과 여성 해방의
연대를 보여달라는 것"이었다. 이에 대한 나의 대답은, 만일 평
화운동이 베트남에서의 강간과 성매매 문제를 다룰 용의가 있
다면 기꺼이 참여하겠다는 것이었다. 당시에 "반제국주의"와
"미국의 침공"이라는 구호를 외치던 반전운동 진영은 나의 이
러한 요구에 대해 침묵으로 답변했다. 그들이 버튼에 인쇄했던
"베트남에서의 강간을 중단하라"라는 문구는 여성 학대가 아
니라 고엽제 살포를 뜻했던 것이다. 페미니스트 단체와 반전

2　[옮긴이] 베트남 전쟁에 참전했던 이들이 1971년 1월 31일부터 2월 2일까지 사흘에 걸쳐
　　라디오에서 미군이 저지른 전쟁범죄를 증언한 사건이다. 이 자리에서는 무차별 폭격, 화
　　학무기 사용, 강간, 고문, 인종차별 등의 사례가 거론되었다. 2008년 3월에는 이를 참조하
　　여 이라크 전쟁과 아프가니스탄 전쟁에 참전했던 이들이 전쟁범죄를 증언하는 같은 이름
　　의 행사를 열기도 했다.

단체 사이의 의사소통은, 그들이 우리의 의식을 고양시키려 하고 우리는 우리 스스로 의식을 고양시키려 하는 가운데 긴장감이 상당했다. 평화운동이 베트남에서의 여성 학대를 그 자체로 다룰 만큼 충분히 가치 있는 중요하고 명확한 문제로 보지 않은 점은 유감이다. 그리고 여성운동 진영에 있던 우리가 우리의 독립적 목소리를 찾으려 분투하는 가운데 전쟁의 여성적 측면에 관심을 기울이지 못한 것 또한 유감이다. 그렇게 하기에는 적절한 시기가 아니었다(Brownmiller, 1976, p. 112).

브라운밀러가 강간과 전쟁 체제 사이의 체계적이고 구조적인 관계에 대해 더 많은 시간을 들이지 않은 것은 새삼 놀라운 일이 아니다(그녀의 책에서 전쟁에 대한 장은 전쟁을 체제가 아닌 상황으로 다루고 있다). 그러나 구조 분석과 체제 접근에 몰두하는 평화 및 세계질서 연구의 분야에서 그러한 연결 관계가 결여되어 있다는 점은 재고해봐야 할 것이다.

평화 및 세계질서 연구자와 평화운동 활동가 모두가 페미니즘을 향해 겨누고 있는 분리주의 비판은 의식 고양의 과정과 억압의 주관적 경험에 대한 감수성이라는 말로 누그러뜨릴 수 있다. 발전의 한 단계를 고착화하려 한다면, 그것이 영구적 특성이라고 대응하는 것보다 더 나은 방법은 없을 것이다. 다른 이익의 분석을 충분히 수용하면서, 그것을 논의 중인 문제에 대한 전반적인 구조 분석 과정에서 배제의 기본 자료로 활용하는 것은 분리주의를 강화하는 가장 좋은 방법이다. 사실 연구와 정책 결정에 여성 문제를 포함하는 것을 빈번히 방해해온 것은, 여성 문제의 수용을 개별적인 것으로 보는 태도였다.

전쟁 체제에 대한 페미니즘의 제한적 분석과 그렇게 제한적인 분석마저 대개의 연구 및 정책 토론에서 배제하는 태도 사이에는 상호작용이 존재한다. 여성적인 것이 전통적 사회과학 및 사실상 권위를 갖고 적법화된 모든 제도로부터 배제되어왔던 것처럼, 이러한 상호작용은 평화 및 세계질서 연구에서 남성에 의한 여성적인 것의 배제를 영속화한다. 또한 이러한 배제는 여성을 위해 평등한 이익을 추구하는 것을 페미니즘이라고 해석하는 몇몇 페미니스트들 사이에서 보이는 훨씬 더 부정적인 흐름으로 이어진다. 평등한 이익을 추구하는 것은 평등에 방점을 찍게 되고, 본질적으로 이익을 보는 자와 그렇지 못한 자로 나누어 구성된 체제에 합류하는 것이다. 정책과 전략은 후자의 범주에서 전자의 범주로 어떻게 더 많은 여성들을 이동시킬 것인가에 집중하는 경향이 있다.

그러한 정책과 전략은 남성적 가치와 행동을 특징으로 하는 지배 구조 내에서 여성이 성공을 추구하는 것을 장려한다. 그리하여 학술, 연구, 사회 변화의 영역에서조차 많은 "페미니스트들"이 지배적 남성 가치의 구조에 순응해왔다. 실제로 몇몇 여성 잡지들, 그리고 "성공을 위한 옷차림"이나 "더 프로페셔널한" 행동을 가르치는 특별 교육 프로그램에서 사업을 하거나 전문직에 종사하는 여성들에게 그렇게 할 것은 권장한다. 그러한 제안은 대부분 그다지 교묘하지는 않은 남성화 과정에 기반하고 있으며, 이 과정에는 비즈니스 정장을 입고 "완벽하게 객관적인" 의사 결정에 참여하는 일 등이 포함된다. 많은 페미니스트들은 이러한 행동이 현 체제를 강화하는 것이라는 당연한 비판을 해왔다.

한편 평화 연구자와 세계질서 학자들은 현 체제에 대한 전적인 변혁이 필요하다고 상정하고 있다. 중역 회의실에서, 전문가로서, 국가의 최고위직으로 진짜 권력을 손에 쥔 소수의 여성들, 이들은 권력을 가진 여성이 남성과 별반 다를 게 없다는 식으로 자주 증거로 인용되며 실제로 남성화되는 사례도 너무나 빈번하다. 이는 페미니즘과 변혁 모두에 불행한 일이다.

유럽과 미국의 여성운동에서 이러한 성공 신드롬은 페미니즘의 변혁적 잠재력을 실현하는 데 있어 중대한 장애물이다. 왜냐하면 그것은 여성의 개인적 관점의 또 다른 표현에 지나지 않기 때문이다. 여성은 스스로를 어떤 계급의 일원이나 추상적 집단의 대표로 인식하는 것을 더 힘들어한다. 사적 맥락에서 사물을 보고, 사람을 추상적 범주의 요소로서보다는 개인으로 보도록 사회화되었기 때문이다. 또한 성공 신드롬과 가장 많이 연루된 여성들은, 그들이 여성들 사이를 격리시켜온 문화와 계급, 즉 교외의 공동체나 세계 각지의 근대 도시들에 거주하는 서구 산업국의 중간계급 출신이라는 점도 인식해야 할 것이다. 그러한 여

성차별주의는 전쟁을 불러온다

성들의 집단 정체성은 기타 집단의 여성들보다 그들이 속한 특정 사회경제적 계급이나 문화에 속한 성공한 남성들의 집단 정체성과 같을 확률이 높다.

이는 여성이 다른 이들과 친밀하게 동일시하지 않는다는 말이 아니다. 다른 이들을 돌보도록 사회화되었기에, 여성은 실제로 남성보다 더 쉽게 동일시를 한다. 앞서 언급했듯이 여성은 추상적 집단이나 계급이 아니라, 다른 이들을 사람으로서 동일시하는 경향이 있다. 사별, 기쁨, 모성, 질병 등 특정한 인간 경험과 동일시한다. 가령 이러한 개인으로서 한 인간의 시선이 미국 남부의 백인 여성들을 "리버럴"한 남성들보다 앞서 시민권 운동을 수용하고, 독려하고, 거기에 협력하도록 이끈 것이 아닐까, 라고 생각할 수 있는 것이다.

이러한 개인적 관점 덕분에 지금 그렇게도 많은 여성들이 평화 및 군축 운동에 활발하게 동원되는 역할을 하도록 동기 부여된 것이다. 이는 페미니즘 연구와 세계질서 연구 사이의 매우 특수한 차이를 설명해준다. 그런데 해방된 여성들은 이 개인적 관점 때문에 개인의 성공과 충족을 위한 의지에 몰두하게 되곤 한다. 이때 이 의지가 여성 일반이나 사회의 전체 체계에 어떤 영향을 미치는지에 대해서는 별다른 고려가 없다는 점을 함께 염두에 두어야 할 것이다.

평화 연구 진영은 또 하나의 남성 보호구역인가

페미니즘에 구조 분석이 결여되어 있다면, 평화 연구에는 바버라 로버츠^{Barbara Roberts}가 지적한 것처럼 몇몇 분석의 결함이 두드러진다(1982). 평화 및 세계질서 연구는 모두 사적인 것, 특히 분석과 처방의 인도주의적 차원이 극심하게 결여된 채로 진행되어왔다. 여성 문제 및 여성운동에 대해 최소한의 사유만을 했던 점, 그렇기에 성차별주의를 연구와 분석의 문제로 끌어들이지 못한 점에서 이 사실은 명백히 드러난다.

평화 연구의 더욱 분명하면서도 심각한 점은, 여기에 여성들이 해온 관련 작업 상당수가 배제되었고 여성들의 참여 자체도 배제되었다는 것이다. 다른 전문가 그룹과 마찬가지로, 평화 연구 진영에서도 언제든 학술 작업에 참여시키거나 그 작업을 맡을 만한 자격을 갖춘 한두 명 이상의 여성을 떠올리기가 무척이나 어렵다. 물론 자격을 갖췄다는 것은 남성의 전문적 능력 기준을 따른다는 뜻이며, 다시 말해 남성의 성공 테스트를 적절히 통과했다는 뜻이다. 소수의 여성들, 그리고 극소수의 페미니스트들이 연구와 정책 담론 분야에서 자신의 연구 작업을 읽히거나 의견을 표명할 때 주목을 훨씬 적게 받는다.

이는 군비 및 군사화 분야에서 특히 안타까워할 만한 일인데, 이 분야는 그 어느 곳보다도 신선한 시각과 새로운 목소리가 긴급하게 필요하기 때문이다. 하지만 랜들 포스버그, 루스 시버드,

헬렌 칼디컷Helen Caldicott과 같은 여성, 그리고 유럽의 평화여성회, 생존을 위한 시위,Mobilization for Survival 3 핵 군축 캠페인,Campaign for Nuclear Disarmament 4 그린햄 커먼에서 활동을 조직하고 기여한 모든 여성들은 평화 세력이 되기 위해 필요한 전망과 힘 모두를 보여주었다.

계간 《국제 여성 페미니스트》Women's International Feminist Quarterly에서 실시했던 조사를 살펴보면, 군비축소 연구에 여성들만이 할 수 있는 독특한 기여가 있다는 사실을 알 수 있다. 평화와 관련한 연구 및 학술 작업을 하는 41명의 여성에게 질문을 했는데, 그 가운데 여성이 군비축소에 대해 다른 관점을 가지고 있다고 생각하느냐는 질문이 있었다.

전체 41명 가운데 20명만이 군비축소에 대한 여성들의 접근 방식이 달랐는지에 대해 답했다. 몇몇은 이 질문에 대해 불편함을 드러냈고, 질문에 대한 답이야 어떻든 간에 자신을 학자인 여성이 아니라 학자로 여겨질 권리를 획득한 사람이라고

---

3 [옮긴이] 원자력과 핵무기의 확산이 인류의 생존을 위협한다는 문제의식을 바탕으로 1977년부터 1992년까지 미국에서 이와 관련한 활동을 해온 단체이다. 핵무기, 군비 지출, 사회경제적 정의 사이의 연관성을 강조했으며, 지역사회 조직을 기반으로 한 풀뿌리 운동으로서 각종 교육 및 선전 활동을 벌였다.

4 [옮긴이] 1950년대 초반 영국이 미국과 소련에 이어 세 번째로 원자력을 보유하게 되면서, 이에 대한 문제의식을 품고 1957년 영국에서 발족한 단체이다. 핵무기를 비롯한 대량 살상 무기 사용 및 원자력 산업에 반대하는 활동을 국내외에서 벌여왔다. 1980년대에 냉전이 첨예화되면서 활동에 다시금 탄력이 붙어서, 영국을 대표할 만큼 큰 정치 조직이자 평화운동 단체로까지 성장했다.

보았다. 9명은 망설임 없이 "아니다"라는 답을 줬고, 그 가운데 2명은 교육이 젠더 차이를 지울 것이라고 답했다. 몇몇은 강경파 여성 동료들을 언급하면서, 이것이 이 분야에서 성공하는 방법이라고 지적했다. 반면 6명은 차이가 있었다고, 5명은 차이가 있었을 수 있다고 답했다. 차이를 수긍하는 답을 한 이들은 11명으로, 긍정과 부정의 응답자가 거의 동수로 나뉘었다. "있었을 수 있다"라고 답한 이들은 주변부적 위치에 있었고, 파워 게임의 흥분에 휘말리는 경향이 약했으며, 전반적으로 객관적인 듯 보였다. 회의나 학술 발표에서 이들은 수사로 꾸미기보다는 곧장 핵심으로 진입해 들어간다고 했다. 뚜렷하게 페미니즘적 시각을 가진 이들은 여성으로서의 사회적 역할 덕분에 다른 종류의 기술 및 감수성을 발전시켜왔다고 보았다. 따라서 한층 더 해석을 시도하고, 현실에 대한 검토도 더욱 심화해가는 식으로 자신이 다루는 데이터를 "인간화"할 가능성이 크다. 이들은 여성이 군사화, 폭력, 기타 사회제도의 특성 사이에 존재하는 상호 연결 관계를 파악하는 경향이 있다고 보았다. 이들 가운데 누군가의 표현을 빌리자면, 이들은 "군사적 우위에 강도 높게 몰두하는 것의 어리석음"을 더욱 강하게 인식하고 있었다(Boulding, 1981).

현재 바버라 스탠퍼드가 수행하고 있는 관련 연구에서도, 남성 정책 입안자나 평화 연구자들이 검토하지 않은 군사 정책의 결과들에 대해 여성들이 자주 문제 제기를 한다고 밝히고 있다.

평화 연구 및 교육에서 여성, 특히 페미니즘적 관점을 배제할 때의 진정한 위험성은 국립평화아카데미National Peace Academy의 설립 제안과 관련한 증언에 잘 나타나 있다.

진정한 평화와 분쟁 해결에 필수적인 여러 역학에 몰두하고 그것을 조직하는 데 있어 다른 이들과 나를 이끌고 영감을 줘야 할 텐데, 위원회, 스태프, 지지자 대부분은 그런 관점과 통찰이 거의 문외한이나 마찬가지인 것처럼 보입니다. 철학, 윤리학, 잠재력에 있어 지침이 되는 통찰에는, 페미니즘이 필요한 정도가 아니라 반드시 있어야만 합니다. 페미니즘을 완곡히 돌려 말하는 것으로는 충분치 않습니다. 페미니즘의 개념, 가치, 언어를 회피하고(혹은 회피하거나) 평가절하하고 주변화하는 것은 이렇게 변혁적이고 깊이 있는 운동이 가진 통찰, 혜택, 과정을 스스로 박탈하겠다는 뜻입니다. 분명 페미니즘은 말 그대로 문제 해결을 긍정하고, 이에 몰두하며, 평화와 분쟁을 해결해 나간다는 점에서 급진적입니다. 많은 사회에서 사적이고 제도화된 다양한 형태로 나타나는 성차별주의가 모든 종류의 폭력의 (유일한 뿌리는 아닐지언정) 바로 그 하나의 뿌리라는 것이 이 증언의 기본 전제입니다(Heide, 1980).

이 증언은 분석가와 정책 입안자들에게 여성이 비가시화되어 있다는 것을 보여준 하나의 고전적 사례였다. '세계 여성의 10주년'이 이 비가시성의 문제를 개발 계획의 영역에서 좀 더 명확히 드러내왔지만, 그것이 정치 연구 및 학술 대부분의 영역에까지 파고들진 못한 듯하다. 가장 특이한 점은, 기성 질서가 본격적 안보 문제에 대해 끊임없이 철저하게 여성들이 관심을 갖지 않도록 의식적으로 결정해왔기 때문에 군대 및 안보 문제를 다루는 영역은 비가시성, 그리고 이로 인한 배제 현상에 거의 아무런 영향도 받지 않았다는 것이다(Reardon, 1975b).

1980년 '세계 여성의 10주년' 중간 기점을 기념하기 위해 코펜하겐에서 열린 회의에서 스칸디나비아 여성 수천 명의 서명이 담긴 군비축소 청원서를 유엔 관료들에게 제출했다. 그런데 이때의 반응은 "여성 여러분, 축하합니다. 정말 고맙습니다. 자, 이제 본래의 회의 진행으로 돌아가볼까요" 정도였다고 보도되었다.

세계질서 연구는 '누가' 선호하는 세계를 추구하는가

이 비가시성과 배제의 기저에 있는 사고방식을 보여주는 몇 가지 매우 다채로운 사례가 있다. 가령 한 평화 연구자는 여성 억압의 문제가 좀 더 실질적이고 눈앞에 닥친 평화 문제로부터 주의를 흩트려놓는다고 주장했고, 또 다른 연구자는 자기 아내는 억압받지 않으니 검토할 가치가 없는 사안이라고 주장하는 경우가 있었다. 이런 사례가 하찮게 보일지 모르겠다. 하지만 이를 통해 우리는 평화 및 세계질서 연구에 여성 문제가 결여되어 있다는 점, 그리고 한정된 여성 저자만이 등장한다는 점을 증명할 증거가 상당히 많다는 점을 알 수 있다.

남성 학자들이 주장하듯이, 그들이 바라는 세계를 기획하고 추구하기 위한 움직임에 발맞춰 학술적 공헌으로써 자료를 도출해내고 출판을 하는 것이라면, 여성들의 바람은 어디에서, 그리고 어떻게 고려되어야 하는 것일까? 이 문제는 짧게 거슬러 올라가더도 1975년부터 끊임없이 제기되어왔건만, 여태껏 진지한 관심을 받아본 적이 없다(Reardon, 1975a). 세계질서 탐구가 제1세계와 제3세계 사이의 관점, 가치 우선순위, 정치적 지향 등에 있어 불일치를 직면하고서 최소한 동서의 충돌하는 이익을 고려하는 동안, 여성의 억압에서 비롯된 남녀 간의 이해 충돌은 무시되었다.

《세계질서 연구 보고서》*World Order Working Papers* 시리즈에 수록된 26편의 논문 가운데 여성 저자의 논문은 2편이다. 출판 및 연구 발표의 참여자 가운데 여성의 수가 적을 순 있겠지만, 그보다 더 중대한 사안은 여기에서 여성 문제가 배제되는 것이다. 이들 논문 가운데 어느 한 편도 문제 분석에 있어서나, 정책 제안에 있어서나 페미니즘적 관점은커녕 여성 문제조차 포함하고 있지 않다. 또한 로버트 조핸슨*Robert Johansen*이 자기 논문(1978b)에서 변혁 과정에 기여할 수 있는 것들을 열거하면서 여성운동을 넣어

두긴 했지만, 그 역시 변혁을 요구하는 문제와 여성 억압 사이에 특별한 연관성이 있다는 발견에는 이르지 못했다.

단호한 페미니스트 평화운동가들마저도 모든 세계질서 연구에서 성차별주의 문제가 제기되거나, 그것이 심도 깊게 다뤄지기를 기대하지 않을 것이다. 그러나 아무런 고려 없이 이 문제를 통째로 생략하는 태도는, 그저 배제일 뿐만 아니라 변혁 과정과 관련해서 효과적인 제안에 기여할 수 있는 분석의 잠재력을 약화시키는 것이다.

리처드 포크Richard Falk의 권위주의 경향성에 대한 논문(1980)은 탁월할 뻔했으나 권위주의의 부상에 필연적으로 따르는 여성 지위의 퇴보에 대해서는 아무런 언급이 없었다. 탈군사화에 대해 쓴 포크의 그다음 논문(1981)에서도 이런 요소가 생략된 것은, 성차별주의와 군사주의의 중요한 연관성이 좀 더 광범위하고 명확했다는 점에 비추어볼 때 참으로 유감스러운 일이다. 진정성 있는 탈군사화 과정 가운데 성차별주의를 뛰어넘어야 한다는 점을 포함시켰더라면, 그의 건설적인 기획 제안은 훨씬 유용했을 것이다. 한 문단을 추가함으로써 그는 지구상의 모든 이들과 탈군사화의 관계를 명확히 할 수 있었을 것이고, 그가 논의하는 세 종류의 체제(국민국가, 미국, 세계 변혁 운동) 모두에서, 그리고 개인에서 세계 단위에 이르기까지 모든 규모에서 나타나는 문제에 대해 초점을 맞출 수 있었을 것이다. 그렇게 실로 포괄적인 성격의 문제들만이 세계 변혁 운동의 진정한 기반이 될 수 있는 것이다.

평화 연구의 다른 갈래들과 비교해본다면, 세계질서 연구는 전 세계적 분석을 필요로 하는 문제를 중심에 두는 경향이 강하다. 여러 이유들이 있겠지만, 특히 이 점 때문에 세계질서 옹호자들이 페미니즘적 관점을 끌어들이고 성차별주의에 관심을 표할 것이라고 기대할지 모르겠는데, 실제로는 그렇지 않다. 성차별주의의 비가시성은 중대한 맹점이다. 변혁이 필요한 어떤 체제의 가장 보편적인 측면이 삭제되기 때문이다.

훌륭했을 수도 있었던 또 다른 연구 논문은 특정 보편성에 대해 맹목적이고, 생략에 의한 배제의 경향을 보이는 설득력 있는 한 사례이다. 거노트 콜러Gernot Köhler의 「전 세계적 아파르트헤이트」Global Apartheid (1979)는 국제정치학자가 이러한 문제에 대해 관심을 나타낼 법한 기대를 저버린다. 그러나 동시에, 역설적으로 이 논문은 페미니스트들이 세계 분석에 적용한다면 매우 전도유망해 보이는 패러다임을 내놓는다. 세계를 이익 보는 자와 그렇지 못한 자로 나누는 아파르트헤이트 체제에 기반해서 전 세계의 질서를 분석하는 콜러의 입장은 성 역할의 분리를 강제하는 성차별주의적 가치와 구조에도 적용 가능한 것이다. 정치·경제·사회 영역에 전 세계적 아파르트헤이트 체제를 적용한 것과 같은 분석을 성 역할 분리 체제로도 시도해볼 수 있을 것이다. 물론 비슷한 패러다임으로 대개의 억압 체제, 즉 모든 형태의 인종차별주의, 식민주의, 그리고 경제적 억압 등의 다양한 표출 형태를 설명할 수 있다(Reardon, 1977a). 하지만 세계질서 연구는 이러한 현상에 나타나는 억압의 공통 특성을 포괄하는 기본 패러다임을 성차별 연구에 적용한 적이 없다.

이렇게 포괄적인 분석을 시도한 콜러조차 자신이 해명한 체제와 성차별주의의 유사성을 인정하지 않고 있다. 성차별주의가 억압의 정치적·경제적·사회적 특성의 구조적 측면을 분석할 가능성을 제공할 뿐만 아니라, 인종차별주의처럼 문화와 사회심리적 분석의 기반 역시 제공하기에, 이러한 상황은 상당히 안타깝다. 거기에 더해 이러한 분석은 앞서 언급했던 보편성의 요소를 제공하고, 그것은 사실상 지구상 모든 이들과 연관된 분석이 될 것이기 때문이다. 그러나 성차별주의는 인종적·경제적 아파르트헤이트처럼 규탄의 대상이 되지 않고, 억압을 반대하는 것들에 대한 장황한 설명 가운데 훨씬 덜 언급된다.

성차별주의가 무시되는 것이 바로 그 보편성 때문이라고 의심할 만한 이유가 있다. 일단 성차별주의가 인식되면, 성차별주의를 억압의 주원인으로 보고 진단을 내놓는 우리 또한 처방전 만들기 과정에 동참해야 할 필요성을 인식하게 된다. 조지 오웰의 『동물 농장』에 등장하는 평등한 돼지들처럼, 성차별 사회에서 살아가는 우리는 모두 성차별주의자이며, 다만 누군가가 다른 누군가보다 더 성차별적일 뿐이다. 체제를 향한 것은 아닐지라도, 그 규범과 표출에 대해 우리가 묵인하고 있었음을 인정해야 하며, 진정 변혁에 헌신적이라면 우리 또한 바뀌어야 할 것이다. 이는 어떤 통제를 포기한다는 것을 의미한다. 많은 비난을 받아온 국민국가와 같이, 개인 주권과 타인에 대한 통제의 어떤 측면을 내어준다는 뜻이다. 이 과정은 그 정신이 머무는 장소가 남성의 육체든, 여성의 육체든 간에 남성에게 특히 힘들게 다가온다.

사회과학은 어떻게 여성적 가치를 밀어냈는가

남성적 정신은 감정 영역을 거부하는 경향이 있고, 남성적 과학은 감상주의를 폄하하는 경향이 있다. 그런데 개인을 변혁하려면 감정 및 변혁해야 할 상황의 감정적 요소들과 대결해야만 한다. 정치를 변혁하는 데는 행동의 변혁이 필요하다고 간주되지만, 남성의 과학적 접근법은 심지어 이 과정을 비인간화(혹은 탈인간화)하며 사회과학의 객관적 분석으로 이를 모호하게 만들기까지 한다. 감정들, 특히 부드러운 여성적 감정들을 승화하고 억누르도록 사회화된 남성적 정신은 인간적·사회적 경험을 정신의학이나 사회학 같은 과학의 형식으로 전문화해 다루는 것을 선호한다. 세계질서 연구는 가치의 검토를 고수하긴 하지만, 그 부모 분과인 인류학처럼, 교육자가 정서적 영역이라고 부르는 가치 형성의 진정한 중심을 파고들지 않는다. 성차별주의가 심하게 곪아서 깊은 상처를 남기는 세계, 전쟁 체제의 뿌리들이 끊임없이 모든 인간 가치의 절반을 억제하고 인간 종 가운데 절반을 억압하며 자라나는 세계, 이것이 바로 감정의 세계이다.

여성의 이름이 등장하지 않는 출판물들을 계속 보거나, 남자들만 참석한 회의의 사진들을 보았던(칵테일 리셉션 파티의 사진에는 간혹 여성들이 등장하곤 한다) 대다수의 평화 연구자들은 여성 학자들의 기분이 어떤지 이해할 수 없을 것이다. 배제와 거부가 불러오는 강렬한 감정은 언제나 "세계질서 연구는 누가 선호하는 세계를 추구하는가"라는 질문을 불러일으킨다. 프린스턴 대학교 동문들이 드나드는 뉴욕 프린스턴 클럽의 바처럼(그리고 여성을 배제해온 기타 권력의 근거지들처럼), 세계질서 학자들이 투사하는 미래의 근거지들에는 "여성이 골칫거리가 되지 않는 곳"이라고 새겨져 있는 듯하다.

1982년 7월 제2차 유엔 군축 특별회의의 마지막 날 회의를 하던 바로 그 시간에 유엔 건너편의 플라우셰어 커피 하우스를 지키던 여성 활동가들의 눈물을, 회의 자리에 무표정한 얼굴로 앉아 있던 정부의 남성 대표들이 진정 이해할 수 있으리라고 생각하지 않는다. 그린햄 커먼의 경우처럼 여성들이 운영하던 플라우셰어 커피 하우스는 이 회의를 지켜보기 위해, 그리고 할 수만 있다면 이 회의에 영향력을 행사하기 위해 찾아온 비정부 평화 운동가들의 집결지였다.

일반적으로 보면 평화 연구, 좀 더 특정하자면 세계질서 연구는, (지적 급진주의의 항의에도 불구하고) 전쟁의 근본 원인, 분명 "남성의 마음에서 도출되는"(그 어떤 페미니스트 평화 연구자도 이

성차별주의는 전쟁을 불러온다

표현을 바꾸고 싶어하지 않을 것이다) 그 근원적 원인에 대한 탐구를 연구라는 명목하에 피해왔다. 세계질서 및 평화 연구는 모두 징후적이고 환원주의적인 접근법을 취해온 듯하다. 즉 병을 치료하고 감염 확산을 막도록 노력해야 한다고 선언하지만, 진정한 병리학적 혹은 병인학病因學적 조사는 벌이지 않았다. 내적 심리 구조를 생략한 채, 명시적인 정치·경제 구조와 체제에만 한정해서 원인을 규명하는 연구를 해온 듯 보이는 것이다.

세계질서 및 평화 연구는 앞서 언급했던 정신과 의사 프랑코 포르나리의 분석과 같이 이 주제에 대한 매우 의미 있는 작업들마저 거의 또는 전혀 검토하지 않았다. 또한 1960년대에 관련 주제로 책을 펴냈던 정신과 의사 제롬 프랭크Jerome Frank와 저드 마머Judd Marmor를 비롯한 소수의 사람들이 보여준 통찰과 공헌에 대해, 그런 생각이 지적으로 유행하는 동안에도 거의 주목하지 않았다.

군비경쟁에 대한 심리학적 관점이 다시금 주목받은 것은 주로 반핵운동 때문이다. 그리고 이러한 발전에 기여한 바 있는 과학 분야는 의학이다. 정신과 의사들은 의료 발전의 맥락에서 공헌을 해왔으며, 그들 가운데 일부, 특히 로버트 리프턴은 전쟁과 폭력을 비롯한 인간 심리의 날것, 그 핵심을 드러내는 데 애끓듯 근접해 들어갔다. 그러나 최근 저작들은 페미니즘 연구의 중요한 가능성에 대해 그 어떤 진지한 관심도 보이지 않고 있다. 핵위협의 본질을 고려해본다면, 전쟁이라는 제도와 변혁의 전망보다 군비경쟁과 임박한 절멸에 몰두하는 것은 이해할 만한 일이다. 하지만 관심의 초점이 근본 원인보다 무기 자체에 맞춰 있기에, 이는 구조적이며 불쾌할 정도로 남근적이다.

한편 개인과 행동에 대한 관심은 거의 고려되지 않고 있다. 이것이 우리가 바라 마지않는 세계에 대해 정교한 모델과 탁월한 비전을 가지고 있음에도 불구하고, 우리에게 건실하면서 실행 가능한 이행 전략이 없고 "여기에서 저기로"라고 명확히 표시된 경로가 없는 이유일지도 모르겠다. 또한 우리의 행동, 우리가 실제로 살아온 삶, 그리고 우리가 명료하게 표명하는 세계질서의 가치 사이에 강력한 모순이 존재하는 것도 이러한 이유 때문일 수 있다.

왜 이런 가치들을 개인의 행동보다 정치 분석에 적용하는 것이 외견상 훨씬 더 쉬운 것일까? 왜 우리는 성차별주의를 사회 문제로는 인식하면서 우리 자신이 성차별주의에 물들어 있다고 인식하기는 진정 꺼리는 것일까?

성차별주의가 우리 존재 내부에 얼마나 깊이 자리하고 있는지 알기에, 그래서 우리는 이를 전문적 의제로 내세우는 것을 꺼리는 듯하다. 우리는 주류 학계에 있는 동료들의 비웃음을 피하고 싶다. 우리는 하나의 과학으로서(모두들 인정하다시피 더 부드럽고, 다시 말해 여성적 학문이기는 하지만 최소한 사회과학으로서라도) 우리 분야를 적법하고 유효한 것으로 만들기 위해, 그 주류 학문의 과학적 기준을 준수하고 옹호한다.

전쟁 체제는 우리를 절멸 직전까지 몰고 왔지만, 우리는 여전히 그것이 촉발한 가장 근본적 감정, 즉 두려움을 마주하길 거부하고 있다. 남성적으로 감정을 억제하는 것은 사회를 마비시켰다. 확실한 점은, 평화 및 세계질서 연구가 이행의 최우선순위로 이 마비 상태를 처리해야만 한다는 것이다. 하지만 우리는 대개 세계와 여성적 가치, 그리고 여성들의 보고寶庫와 같은 감정 세계를 계속 닫아놓고 있다.

연구자의 지식 형성과 연구가 추구하는 환경을 고려할 때, 이 분야의 남성 우월주의적 편향은 피할 수 없다. 모든 제도적 권력 기반이 그러하듯, 학계는 뿌리 깊게, 말이 안 될 정도로 성차별적이다. 그리고 "학술 농장"academic farm에서 과학은 자연과학이든 사회과학이든 어느 정도 다른 학제들보다 더 성차별적이다. 유사하게 윤리적·인간적 문제를 다루고 있으니 어떤 영향력을 발휘하리라고 기대해왔던 사회과학은 그것이 과학임을 입증하기 위해 스스로 극단으로 옮겨갔다. 이따금 페미니즘적 가치나 관점을 가진 문제들이 고려되긴 하지만, 그 우선순위는 매우 낮게 책정되며, 특히 사회과학자들이 과학을 자처하는 모습을 자연과학자들이 조롱할 때 이는 수치스러운 무언가가 되어버리는 듯하다.

평화 연구자와 교육자들은 학문 공동체에 발 디딜 곳을 마련하려 애쓰면서, 가끔은 "그들보다 더 수량적"이 되려는 노력도 해왔다. 명백하게 규범적인 관점과 가치 지향이 있는 세계질서 연구마저도 학문적 자격증을 확고히 하기 위해 멀리까지 나아갔다. 이 책의 앞부분에서 논했던 몇 가지 이유들 때문에, 이런 상황은 여성에게 영향을 미치고 여성이 참여하는 데 방해가 되고 있다. 이들은 또한 무기의 수를 계산한 뒤 이를 군축 연구와 교육에 활용하는 접근법을 쓰기도 했다. 노르웨이의 페미니스트이자 학자인 비르기트 브록우트네Brigit Brock-Utne는 이것이 특정 분야의 중대한 반反여성적 편향을 보여주는 것이라고 지적했다(저자와의 사적 교신 중에서, 1982). 이러한 이들은 평화 연구자들이 종종 벌이는 남성 우월주의적 행동에 대한 변명거리가 되어주며, 그런 행동을 합리화하는 역할로 이용되기까지 한다.

현 상황이 불가피하긴 하지만 돌이킬 수 없는 것은 아니다. 반드시 재검토되어야 하며, 공개적으로 고쳐야 할 것이다. 현 상황이 평화 연구에서 성차별주의를 영속화할 뿐만 아니라, 가장 중요하게는 평화 연구자들이 변혁적 지식을 생산·적용하는 것을 가로막기 때문이다. 지난 10여 년 이상 서구 지성계의 많은 비평가들이 연구자들에게 수차례 이 문제를 제기했다는 사실이 변명이 될 순 없다. 페미니스트 미래주의자인 헤이즐 헨더슨Hazel Henderson이 했던 비판(1978)은, 이 문제에 대한 매우 적절하고 설득력 있는 비판 가운데 하나이다. 그녀는 문화와 정신 전체를 멋지게 요약한 '데카르트의 덫'이라는 표현으로 사회과학의 무용한 합리주의를 말해주었다.

차파르데트의 논의가 떠오르는, 성 역할 분리에 내재된 남성

성과 여성성의 왜곡에 대한 한 논쟁에서, 더글러스 슬론^{Douglas}

Sloan은 과학의 왜곡(과학에서 인간적이고 윤리적인 문제를 분리시킨 결과로서의 과학주의)이 현재의 핵 위기를 진전시킨 데 커다란 책임이 있다고 주장한다(1983). 그것이 키워온 이원론은 지식을 구별하여 나누고, 경험을 파편화하고, 우리가 이 시점에 그렇게나 절박하게 필요한 직관적이고 창의적인 역량을 폄하하는 경향을 보여왔다. 그러한 역량은, 남성적 합리주의와 환원주의가 지적·정치적 담론에서 쫓아낸 근본적인 여성적 요소이다. 이러한 사고방식이 여전히 과학계의 주류를 통제하고 있지만, 우리가 희망을 걸어볼 만한 참신한 동시대의 흐름도 있다.

적어도 20세기가 시작할 무렵 이래로, 과학계에는 19세기 과학의 가정에서 다양한 방식으로 지지받는 것처럼 보였던 환원주의적·기계론적·객관주의적 현실 이해에 의문을 던지는 여러 가지 일들이 일어났다. 이 세기에 과학 연구로 만들어진 데이터, 그 데이터의 의미를 만드는 데 쓰이는 해석 틀, 그리고 자신의 연구 방법을 가진 과학자들의 이해 등 이 모든 것들이 독점적으로 실증주의적 기반에서 자라난 세계관과 점점 덜 일치하게 된다(Sloan, 1983, p. 91).

세계질서 연구는 단지 해석 틀일뿐이라는 것이 나의 오랜 믿음이었다. 물론 세계질서 연구자들은 여타의 세계 문제 관련 연

4장 | 우리는 그 무언가를 넘어서야만 한다

구자들보다 좀 더 전체론적 시야를 펼쳐왔다. 이들은 보편적인 인간 가치의 발견을 염원했으며, 적어도 표면적 층위에서는 남성 우월주의를 포기했다. 그럼에도 한 사람의 여성으로서 나는 세계질서 연구의 남성 지배적 배경이 자주 불편하곤 했다. 하지만 한 사람의 페미니스트로서 나에게 세계질서 연구의 문제 틀은 만족까지는 아니더라도 늘 편안한 것이었다. 이 연구의 구조와 뼈대가 되는 문제 대부분은 내 작업에 도움되는 것들이었고, 페미니즘은 그 연구에 살을 붙이는, 세계의 모든 인본주의자들이 추구하는 살아 있는 차원으로서의 인간을 더하는 일이었다. 나는 대개의 세계질서 학자와 페미니스트 평화 연구자들을 이 범주로 분류한다.

그러나 세계적 인본주의의 목표, 세계질서 운동, 보편적 페미니즘은 모두 우리의 지적 도구와 정치적 전략에 담긴 근본적 성차별주의를 대면하고, 이를 넘어서야만 한다. 페미니즘은 정치질서에 도전하기 위해 시작되었고, 동시에 그것은 모든 지적 패러다임에 도전해야만 한다. 사실상 모든 패러다임, 모든 분과 학문, 모든 연구의 형태가 인간으로서 남성성의 모델에 기반을 두고 있다. 즉 인간 발전의 규범으로서 남성이 개인적으로, 사회적으로, 지적으로 가정되는 것이다. 따라서 우리의 지적 도구는 부적절하고 비인도주의적이다. 이를 균형 잡힌, 온전히 인간적인 모델로 다시 설계해야만 한다. 이 재설계 임무는 페미니즘의 책임이기도 하지만, 평화 및 세계질서 연구의 책임이기도 하다.

바로 앞 문단의 일부는 특히 여성적이지만, 충분히 그러한 것은 아니다. 여성적인, 그래서 페미니즘적인 접근법은 좀 더 개인화되어 있으며, 특정 행동에 더욱 집중한다. 또한 문제를 구조나 분과 학문보다는 인간의 탓으로 돌린다. 나의 직관으로는 구조적·사적 접근의 병합이 필요하리라고 보며, 양측에 대한 평등한 고려 없이는 절멸 직전에서 물러서는 것이 불가능할 것이다. 동시에 그 책임은 세계질서 및 평화 연구 옹호자들이 짊어져야 할 것으로 보인다.

평범한 여성들도, 특정 페미니스트들도 생존에 대한 큰 위협으로써 전쟁의 중요성을 기각한 적이 없다. 여성 해방이 전쟁을 철폐하는 데 필요한 첫 번째 걸음이긴 하지만, 물론 이들이 반드시 동시에 이뤄질 필요는 없는 걸음이라고 보는 이들도 있긴 하지만, 페미니스트들은 여타의 문제를 거론하는 것을 노골적으로 거부한 적이 없다. 그리고 페미니즘 연구자들이 드디어 여성 해방과 전쟁 철폐의 연관성에 대한 탐구를 진행하고 있다. 사자는 양¥의 제안을 무시하거나 거부해왔지만 말이다.

평화 및 세계질서 연구의 자원은 공유되어야 한다

사자-양의 은유는 남성성-여성성과 지배-의존의 문제, 그리고 권력에 대한 질문 등과 관련이 있다. 그리고 로버츠가 상기시켜주듯(Roberts, 1982), 이 권력의 문제는 베르니스 캐럴이 10년 전 평화 연구 공동체의 주의를 끌려고 노력했던 사안이다.

전쟁학을 창안해낸 남성 연구자들은 의심의 여지없이 전쟁학의 밀림 속 군주들이었다. 페미니즘과 여성 문제에 대한 그들의 태도와 행동은 우두머리 수컷 사자의 행동거지였다. 양과 같았던 여성들은 근래 들어 온순해지기를 그만두었다. 이들은 자신이 관여하는 안건의 온화함을 전문가로서의 노력으로 바꾸려 해왔지만, 체제에 의해 계속 의존적 상태로 남아 있다. 사실 여기에서 옹호되어야 할 것은, 성경 구절의 완벽한 의미에 대한 일반적 이해가 그러하듯, 천년의 변혁에 실질적으로 필요한 진정한 평화의 성취이다. 지배하는 이, 의존하는 이 모두 생존과 공동체 건설을 목표로, 상대방을 향한 상호 의존성을 수용하고 실현해야만 한다.

공동체의 기초는 권력과 자원의 공유이다. 여전히 학술과 과학의 주류에 완전히 편입되지 못한 채 예산 부족에 허덕이고 있는 평화 및 세계질서 연구는, 성차별주의와 군사주의의 연관성에 관심을 보이는 소규모 소수자들의 여성 연구보다 훨씬 잘 확립되어 있다. 또한 이들 연구는 여성과 개발, 혹은 여성을 기업과 전문가적 구조에 통합시키는 몇몇 연구를 제외하고는 여성들의 어떤 시도보다도 훨씬 재원이 넉넉하다. 평화 및 세계질서 연구가 여성과 여성 문제에 줄 수 있는 두 가지 큰 지원(학문적 주목과 연구비 지원)은 아직까지 제공된 적이 없다. 성차별주의 문제는 여전히 평화 연구 학술지들에 게재된 적이 없으며, 국제평화연구학회International Peace Research Association나 세계질서모델프로젝트World Order Models Project와 같은 프로그램에서도 그것은 마찬가지 취급을 받았다. 국제평화연구학회는 관련 연구 단체들을 승인해 왔는데, 간혹 성차별주의를 다루는 소규모 단체들이 학회 내부에 만들어지긴 했다. 1975년 세계 여성의 해에 국제평화연구학회와 세계질서모델프로젝트는 토론 자리를 마련했다. 그러나 여기에서도 연구 안건, 출판 일정, 콘퍼런스, 세미나에 여성 문제가 진지하게 통합되지 못했다.

내가 옹호할 만한 연구 통합을 향한 첫걸음은 국제평화연구학회의 평화교육위원회Peace Education Commission에서 내딛었다. 평화교육위원회는 여성과 군사주의, 그리고 여성에 대한 폭력의 여러 측면들을 연구하는 단체를 설립했다. 이 책에 대한 세계질서모델프로젝트의 초기 지원 또한 그 특정 연구자 그룹 가운데 일부에게는 지속된, 진지한 고민을 향해 내딛는 한 걸음이다.

지원을 제대로 시험하는 잣대는 자원의 할당 여부일 것이다. 국제평화연구학회의 평화교육위원회는 유네스코가 승인해준 얼마간의 기금 지원 덕분에 연구 자문을 두고 활동을 시작할 수 있었다. 국제평화연구학회와 세계질서모델프로젝트는 더더욱 이런 연구를 위한 기금 조달에 매진해야 할 것이다(세계질서모델프로젝트가 아프리카 연구 개발을 위한 여성연합African Women's Association for Research and Development의 설립을 가능케 했다는 점을 여기에서 밝혀두어야겠다). 몇몇 페미니스트 평화 연구자들이 남성적 토대 앞에서 포기하고, 의존의 빈곤보다는 자립의 빈곤을 선택하며 자기 자신의 길을 찾아가도록 만든 것이 바로 그러한 지원의 부족 때문이었다는 점을 마지막 분석에서 밝혀둔다. 페미니스트 평화 운동의 초기 단계에서는 자립이 더 나은 방법일 수 있다. 하지만 끝이 보이지 않는 분리주의는 시급히 필요한 다학제적 통합 연구를 늦출 뿐이다.

페미니즘은
또 다른 미래를
꿈꾼다

세계의 변혁과
이행을
모색하며

이 책의 초고를 살펴본 동료들에게 받은 여러 **논평 가운데**, 특히 예리하게 자주 지적된 두 가지 의견이 있다. 첫 번째 의견은 변화를 제시하는 청사진이 없다는 데서 오는 허무함에 대한 것이었다. 그리고 좀 더 신경이 쓰인 두 번째 의견은, 이 책의 분석을 읽은 독자들이 얼마나 우울하겠느냐는 것이었다. 내 논증은 설득력이 있지만 큰 스케일로 전개되는 탓에, 깊고 침투력 강한 사안을 해결하기 위한 발걸음을 내딛겠다는 독자들의 진보를 향한 의지가 꺾일 수 있다는 것이었다.

이러한 논평은 나를 놀라게 했다. 여기에 펼쳐놓은 생각들은 일종의 "유레카"적인 경험으로 변혁적 가능성과 통하는 통찰 같은 것이었다. 전쟁 문제가 왜 그렇게 끊임없고 보편적인 것인지 그 이유 가운데 일부를 마침내 깨달아갈 무렵, 나는 해결책의 발전 가능성에 좀 더 희망을 걸게 되었다. 어떤 식으로 해결책에 다다를지, 어떤 경로로 거기에 도착할지 분명했던 것은 아니다. 그럼에도 이 책을 쓴 것은, 뿌리 깊게 박힌 성차별주의와 전쟁 체제 사이의 연결 관계라는 개념을 소개하고, 진일보한 성찰과 연구를 장려하며, 그러한 통찰에 대한 반응에 약간의 방향성을 제시하기 위해서였다. 물론 이 책에서 제시한 한정적 제안을 넘어서서, 좀더 진전된 변혁의 전략을 더욱 정교하게 만드는 작업이 반드시 필요할 것이다.

변혁 및 이행의 과정, 그리고 교육에 대하여

돌이켜보면 내 원고를 읽은 동료들의 논평에 내가 놀랐던 것은, 상당 부분 내가 제시한 개념, 즉 페미니즘의 관점과 세계질서의 관점을 조합한 듯 보이는 변혁 및 이행 개념 때문이라는 생각이 든다.

나에게 변혁이란 또 하나의 다른 세계를 구성할 정도의 결과 및 차원으로 심오한 문화적 변화가 뒤따르는 작업이다. 정치·사회 제도도 확실히 급진적으로 변해야겠지만, 무엇보다도 중요한 것은 인간관계가 개인적으로, 사회적으로 변해야 한다는 점이다. 내가 바라 마지않는 것은 성차별주의와 인종차별주의가 없는 미래로, 또 다른 세계에서는 현재의 이 두 가지 속성이 사라져 있기를 바란다. 새로운 세계에서는 무척 다른 방식으로 타인과의 관계 맺기가 이뤄질 텐데, 변혁 이전 시기에 성차별주의와 인종차별주의 같은 사회적 질병에 시달려본 적 없는 극소수 사람들의 관계 맺기 역시 그러할 것이다.

나의 변혁 개념에서는 구조적 설계가 물론 중요하지만, 인간관계의 중대한 변화에 비하면 그것의 역할은 부차적이다. 동시에 변혁을 이끌 규범으로써 옹호하고자 하는 평등성과 상호성의 근본 가치들은 정치·사회 구조에 영향을 줄 것이다. 그러나 구조적 변화는 관계의 변화에 앞서서 등장하기보다는 변화하는 관계로부터 등장해야 한다. 다시 말해 구조는 남성 지배 사회에서 그래왔듯이 관계와 가치에 영향을 미치고 통제를 가하기보다, 관계를 가능케 하고 근본적인 가치들에 제도의 형태를 부여해야한다. 따라서 변혁이라는 질문에 대해 고찰할 때, 청사진은 필요치 않다. 이때는 개인과 관계에 대한 변혁의 필요성이 더욱 강조되어야 할 것이다. 우리 스스로를 바꿔낼 수 없다면, 어떻게 세계를 바꿀 수 있겠는가.

이러한 맥락에서 이행 전략은 개인과 관계의 변혁이 사회운동과 정치 행동으로 번역되는 수단이다. 개인적인 것과 정치적인 것은 지금의 현실에 완전히 한데 얽혀 있어서, 진정한 변혁을 향해 간다고 주장하는 그 어떠한 이행 계획도 이들 둘을 확연하게 나눌 수 없다. 그런 상태에서 우리는 새로운 사고 및 행동 방식을 배우는 과정, 즉 교육을 만들어내야 한다. 이는 변혁 및 이행 과정에서 매우 중요한 일이다. 교육은 미래가 어찌 될지, 우리 자신이 무엇이 될 수 있을지 바라보는 과정이다. 그것은 또한 미래가 어떤 모습일지를 명확히 그려내면서, 우리가 되고자 하는 바처럼 될 수 있게 분투하는 과정이기도 하다. 그러한 교육을 통해 우리는 선택하는 법, 그리고 그 선택을 밀고 나가는 법을 배운다. 교육은 그것이 추구할 전망(**변혁**의 목표)을 생산하고, 그 목표를 성취할 역량(**이행** 기술, 투쟁 전략 등)을 발전시킬 때 비로소 변혁적인 것이 된다.

구조적 변화를 넘어서, 생동하는 유기적 변화를 향하여

변혁과 이행은 세계질서 연구의 특징을 규정하는 근본적·규범적 개념으로, 교육을 평화와 정의를 위한 투쟁에서 가장 중요한 요소로 보는 이들에게 특별히 매력적으로 다가왔던 개념이다. 교육은 변화하고, 배우고, 성숙해가는 인간 역량을 긍정하는 행위이다. 그러나 세계질서 연구의 상당 부분이 그러하듯이, 이러한 개념의 적용과 표명은 주로 기계적인 선형적 용어들로 구사되었고, 그 개념들이 갖는 충만한 변혁의 잠재력에 언제나 훨씬 못 미치는 것이었다. 또한 규범에 충실하기 위해 주로 정치적 현상과 구조적 문제에만 초점을 맞추었으며, 인간의 행동과 감정에 대해서는 거의 관심을 보이질 않았다.

지구 질서의 진정한 변혁은 구조적 변화만큼이나 정서적 성숙의 문제라는 것이 나의 오랜 신념이다. 이 책에서 나는 성차별주의도, 전쟁 체제도 각각 독립적으로는 서로를 넘어설 수 없다는 논의를 전개했다. 이와 유사하게, 인간 존재 내부의 중요한 심리 변화가 결여된 공적 질서의 구조적 변화는, 심지어 그것이 혁명적일지라도 비효율적인 것이 되고 만다. 오래된 와인을 새 병에 채우는 일이 되는 것이다(Reardon, 1980).

이것이야말로 우리가 혁명의 오랜 역사에서 배운 교훈이다. 사람들이 정치·사회 구조에서 변화의 기반이 되는 자신의 세계관, 가치관, 행동을 스스로 바꿔 나갈 때, 비로소 진정한 변혁이 일어난다. 이럴 때 보통 한 사회가 스스로를 일련의 새로운 인간적인, 때로는 우주적인 관계의 발현으로 인지하는 단계가 필요하다. 개인적 변화와 정치적 변화의 상호 관계에 대한 이러한 가정은 내가 평화 교육에 접근할 때 큰 영향을 주었다. 이 가정은 처음에는 직관에서 시작되었지만, 나중에는 다른 페미니스트들과 공유하는 근본 가정으로 진화했다.[1]

페미니스트들은 개별 여성의 개인적 상황에 정치적 근원과 의미가 있다고 주장하는데, 이 주장의 바탕에는 앞서 언급한 가정

---

1 개인적 변화와 정치적 변화 사이의 관계가 얼마나 중요한지를 보여주는 작업으로 다음을 참조하라. J. B. Elshtain, *Public man, Private Woman*(Princeton, NJ: Princeton University Press, 1981); J. B. Miller, *Toward a New Psychology of Women*(Boston: Beacon Press, 1976); R. Morgan, *The Anatomy of Freedom*(New York: Anchor Press/Doubleday, 1982).

이 깔려 있다. 이때 페미니즘이 남녀 간의 개인적 관계에서 구체적인 세부 사항을 지나치게 강조하고, 여성의 일상적 삶의 질에 영향을 미치는 국내의 사회·경제 정책에 집착한다고 여겨졌다는 점은 상당히 중요하다. 육아, 낙태권, 가사노동에 대한 보수 등의 문제가 여성 집단에게 더욱 진전된 방향으로 개념화되고 표명되기는 했지만, 이러한 문제는 기본적으로 세계질서 모델이 강조해온 평화유지군과 국제사법재판소의 절차만큼이나 구조적인 것이다.

우리의 변혁 및 이행 개념 안에 페미니스트의 제안을 통합해 넣을 때, 인간적이고 일상적인 것, 즉 대개의 사람들이 좀 더 쉽게 연관지어 떠올릴 수 있는 보통 사람의 일상적 경험을 세계질서 연구에 끼워 넣을 수 있게 된다. 사실 세계질서 모델과 평화 연구에서 내놓는 제안은 실제 세계와의 연관성이 떨어진다는 인식이 널리 퍼져 있다. 나의 제안은 그런 인식을 넘어서기 위한 하나의 접근법이다. 평화롭고 정의로운 세계 체제라는 학술적 비전이 유토피아적이라는 비판에 경멸의 의미가 들어 있는 이유는, 거기에 인간적 세부 사항이 결여되어 있기 때문이다.

페미니스트 유토피아는 바라 마지않는 미래의 삶이 어떠할지에 대한 인간적이고 일상적인 차원, 그 피와 뼈를 언뜻 보여준다. "지구적으로 생각하고, 지역적으로 행동하라"라는 문구가 "사람들이 실제 존재하는 그곳"에서 그들과 함께하겠다는 미래주의적 노력의 특징을 보여주듯이, 페미니스트들은 "미래주의적으로 생각하고, 일상적으로 행동하라"라는 문구에 인간적 요소를 포함시킬 수 있을 것이다. 이 문구는 특정 순간에 다른 종류의 시간적 차원을 부여해서 현재적인 것과 개인적인 것의 연관성을 더해줄 수 있을 것이다.

한편 페미니스트들은 우리 모두가 인식하고 참여하는 긍정적 요소와 소규모 변화들을 보존·육성하는 것을 미래 건설을 위한 임무라고 생각한다. 긍정적 미래는 반드시 필요한 가치, 행동, 그리고 더 큰 변혁을 이룰 세계관의 변화를 반영하는 현재적 요소 가운데 우선적으로 바라는 것들로 이루어질 가능성이 크다. 삶의 주기와 맺는 관계가 더 친밀하고 물리적이기에, 여성들은 미래가 멀리 떨어진 시간대의 추상적 조건이 아님을 이해하고 있다. 이는 되기becoming의 절차이다. 우리가 바라는 미래를 성취하려면 변혁의 전망 가운데 소중히 간직해온 가치와 규범을 그 기반에 두고, 현재라는 조건 속에서 행동해야 한다는 것을 여성들은 뼛속 깊이 알고 있다(Reardon, 1980).

개별 인간의 발전은 순환적이며, 때로는 나아가지 못한 채 물러서기도 한다. 페미니즘적 이행의 시각 또한 일보씩 내딛는 선형적 진보가 아니라 오히려 유기적이고, 흐르고, 소용돌이치는 변화의 개념이다. 여성들이 실패에 좌절하지 않으면서 더 나은 삶과 평화를 위해 끊임없이 투쟁하는 것은, 그 반복되는 회귀에 대한 기대와 이해에 더해진 유기적 변화라는 개념 때문일 것이다. 실제로 단선적인 단계별 이행 개념은 깊은 실망으로 이어지기 마련이며, 군사주의의 부정적 영향이 커지고 그 속도가 빨라질수록 수많은 이들을 집어삼키는 절망으로 귀착될 가능성이 크다.

대개의 여성들은 결과가 보이는 변화의 영역에 공을 들인다. 그들은 자신의 지역과 일상의 환경에서 특정 상황을 변화시키기 위해, 그리고 개인적·사회적 관계를 변화시키기 위해 일한다. 페미니스트들은 이 노력에다가 자기 자신의 변화에 대한 노력을 더해 나간다. 그들은 행동과 결과 사이에서, 그리고 가장 중요하게는 개별 사람들 사이에서 분석적이고 실제적인 연관 관계를 만들어낸다. 그들의 삶은 미래에 대한 전망, 그리고 현재의 행동과 결정에 영향을 미치는 환경과의 접속과 연결로 이뤄져 있다. 이러한 여성들의 행동은 개인적 변화와 구조적 변화 사이의 연관 관계에 대한 가설을 강화하는 것이기도 하다.

정서적 성숙과 긍정적 사회 변혁의 관계에 대한 가정을 확인시켜준 최근 저서가 있다. 캐럴 길리건의 『다른 목소리로: 심리 이론과 여성의 발달』*In a Different Voice: Psychological Theory and Women's Development*(1982)인데, 이는 개인적 변화와 구조적 변화 사이의 연관 관계에 대한 가설을 강화시켜준 책이다. 그녀의 작업은 도덕적 의사 결정 작용에 나타나는 남녀의 중대한 차이를 검토하고 있다. 길리건은 남성적·여성적 윤리가 우선순위, 도덕의 발달, 정서적 성숙뿐만 아니라 사고방식에 있어서도 대조 지점이 존재한다는 것을 보여주었다. 성차별주의와 전쟁 체제 사이의 연관성을 살펴보려는 이 책의 목적과 결부시켜볼 때, 길리건의 저서

성차별주의는 전쟁을 불러온다

가 시사하는 가장 중요한 결론이 있다. 그것은 상호 의존적인 세계에서 여성적 사고방식이 안보, 정의, 평등 같은 심각한 지구적 위기에 건설적으로 대응하는 데 잠재적으로 기여하는 바가 있으리라는 것이다. 길리건은 여성의 도덕성이 선택과 행동이라는 인간적 결과에 대한 관심에서 비롯되었다고 말한다.

정교한 관계의 네트워크를 거쳐 확장되는 세계에서, 누군가가 상처 입었다는 사실은 그와 관련된 모든 이들에게 영향을 미친다. 동시에 그 어떤 결정과 관련한 도덕적 측면을 복잡하게 만들고, 명백하거나 단순한 해결책의 가능성을 사라지게 한다. 따라서 도덕성은 통합성integrity과 상반되거나 이상적 합의에 묶여 있기보다는, "통합성과 같은" 궤도에 놓이게 된다. 이때의 통합성은 "당신이 보기에 그 상황에 개입되어 있고, 중요한 모든 것들을 검토한 이후, 의사 결정"을 통해, 그리고 선택에 대한 책임을 지는 것으로부터 유래한다. 결국 도덕성은 돌봄의 문제이다(Gilligan, 1982, p. 147).

길리건은 여성의 발달을 도덕적 성숙으로 기술하면서, 여성의 완전한 성숙에 두 가지 중요한 요소가 개입되어 있다는 사실을 이해하도록 도와준다. 그중 하나는 선택의 권리와 역량을 부여받은 성인으로서 자기 자신을 받아들이는 것이고, 나머지 하나는 여성이 선택을 하면서 정의라는 남성적이고 추상적인 개념과 돌봄이라는 여성적이고 맥락적인 개념, 이 둘을 모두 이해하는 능력을 계발하는 것이다. 이렇게 본다면, 정의와 돌봄은 배타적인 가치가 아니라 보완적인 도덕 개념이라는 점이 명백해진다. 또한 남성적·여성적 양상 모두 공적(정치적)이고 사적(개인적)인 선택과 연관성이 있다는 점 역시 명백해진다. 무엇보다도 중요한 것은, 길리건의 작업이 두 가지 양식이 수렴된 것으로 성숙의 개념을 밝히고, 변혁의 중대한 지적·정서적 요소에 대해 중요한 통찰을 제공했다는 점이다.

이에 못지않게 중요한 것은 스스로에 대한 깨달음self-knowledge과 자기 자신을 수용하는 것self-acceptance이다. 여성들은 이러한 지식을 고통스럽게 얻어냈지만, 대개의 남성들은 이를 회피한다. 앞서 언급했듯이 사회는 남성들에게 기대와 판단을 강요하며, 그러한 판단에 부응하지 못하리라는 두려움이 이러한 회피의 이유가 된다. 그렇기에 남성들은 자신이 근본적으로는 평화를 사랑하고, 폭력에 기대는 것은 기본적으로 질서와 정의의 이름에 의한 것이라고 계속 생각할 수도 있다. 이런 생각은 일반적으로 볼 때 남성의 정신에 상당히 해로우며, 완고한 세계 지도자들이 이런 생각을 품는 것은 절대적 재난에 가까운 일이다. 왜냐하면 지도자가 자기 자신을 더욱 잘 알 때 인류의 생존을 위한 좀 더 큰 기회가 열릴 것이기 때문이다. 완고한 지도자들은 변화의 역량을 거의 보이지 않은 채, 위험할 정도로 개인주의적이고 일방적인 정책 결정 과정을 통해 인류의 운명을 이끌어간다. 이는 개인적인 것과 정치적인 것 사이의 관계를 날카롭게 보여주는 사례일 것이다. 이는 미성숙을 드러내는 중요한 지표이다.

자기 자신에 대한 이해가 더욱 풍부해지고 진정한 성숙함에 이르게 되면, 우리는 보다 큰 질서 속에서 자기 자신, 자신의 한계, 자신의 가능성, 자신의 위치를 볼 수 있게 된다. 이때의 질서는, 우리 일상의 생활양식을 바꾸면서 그 질서를 바꿀 수 있는 역량을 높이는 빛이 되어줄 것이다.

남성적 한계를 가로질러, 여성적 가능성을 발견하며

길리건은 (분리와 독립을 위해 분투하는 남성과, 연결과 상호 의존성을 위해 분투하는 여성으로 나타나는) 남녀 사이의 강조점이 다른 인간 발달을 연구하면서, 어떻게 남성의 편견이 성숙이라는 개념을 불균형하고 부적절하게 만들고 있는지 지적한다(Gilligan, 1982). 덧붙이자면, 그 편견은 개인주의와 지배 권력에 대한 지나친 강조로 이어지며, 그것이 현재의 전쟁 체제, 군비경쟁이 가져오는 위험한 단계의 특징이다.

이러한 관찰을 통해, 남성적 편견이 정치와 갈등의 무대에서 벌어지는 문제 해결의 개념적 범위와 양식을 어떻게 제한해왔는지 알 수 있다. 국익이라는 개념이 개체화와 분리에 의해 결정되는 나머지, 우리는 현재의 세계정세를 결정하는 주요 요소인 상호 의존의 많은 현실들을 전혀 알아챌 수 없는 상태가 된 것이다. 국익을 지키기 위해 우리 자신의 생존을 기꺼이 내어놓겠다는 것은, "권리의 도덕성은 연결보다 분리를 강조한다는 측면에서, 그리고 관계보다 개인을 근원적으로 고려한다는 점에서 책임의 도덕성과 다르다"(Gilligan, 1982, p. 19)라는 것을 이해했을 때, 남성 중심 사회에서 그리 놀라운 일이 아니다.

남성과 여성이 발전시킨 도덕성의 유형에 나타나는 중대한 차이는 현재 우리가 직면한 위기의 원인을 탐색하는 데 중요한 통찰을 가져다준다. 이는 또한 변혁, 지구적 변화의 실현, 이행, 그것의 실현 과정 역시 새로운 구조와 그 구조를 만들어내기 위한 정치·교육 프로그램을 설계하면서 어떻게 남성적·여성적 관점과 양식을 통합할 것인지에 달려 있을 수 있다는 점을 보여준다.

결국 길리건의 작업은 상호 인과성 가설을 한층 지지하면서, 전쟁 체제를 구성하는 폭력의 구조가 사회구조에서와 마찬가지로 인간 심리에 뿌리를 두고 있다는 주장에 근거를 제공하는 것처럼 보인다. 이때 남성 정체성을 발전시키기 위해 사용된 속성, 그리고 공적 의사 결정에서의 남성적 양식이 폭력의 구조에 영향을 미친다. 인간 경험에 대한 그 모든 진실은 남성적 편견을 배제할 때 비로소 드러날 것이다. 왜냐하면 "여성의 다른 목소리 속에 돌봄의 윤리에 대한 진실, 관계와 책임 사이의 연결, 연결이 실패할 때 발생하는 공격성의 기원"(Gilligan, 1982, p. 173)이 담겨 있기 때문이다.

다른 연구자들처럼 길리건은 남성다움이 함의하는 편견의 기원과 그것이 어떻게 사회적 현실의 해석 및 활용 방식을 결정하는지에 대한 기본적 이해 방식을 우리에게 보여준다. 만일 우리가 한계에 갇혀 있는 마음의 습관에서 벗어나고자 한다면, 반드시 남녀의 사고방식 차이를 주의 깊게 검토해야만 한다. 그 차이는 페미니스트 연구와 평화 및 세계질서 연구 사이의 중대한 차이를 불러오기도 한다.

다른 지적 문제들에 접근할 때와 마찬가지로, 남성적 양식은 분석적이고 추상적인 방식으로 세계질서의 변혁과 이행 방식에 접근한다. 변혁과 이행이라는 두 개념은 목표로 삼고 있는 상황의 별개 묶음으로, 그리고 그 상황을 성취하기 위한 전략적 순서로 간주된다. 목표 지점이라 할 수 있는 변혁은 일반적으로 **특정** 구조 및 과정에 대한 관점으로 묘사된다. 페미니스트와 제3세계의 관점으로 볼 때, 이는 현재의 현실에 대한 전면적이고 진정한 변혁이라기보다는, 전통적 형태의 권력을 수정한 듯한 모델의 형태를 취한다.

남성적 변혁 모델은 흔히 "체제 변화"라고 일컬어지는데, 일상적 인간 조건으로부터 추상화되고, 주로 권력의 배치에 관심을 보이며, 근본적으로 가부장적인 개념인 주권 개념에 몰두하는 경향이 있다. 어떤 이들은 구조적 요소가 바뀌고 나서 거기에 권력과 (군사력이든 "비폭력"적인 것이든) 힘을 적법하게 사용할 권리를 부여할 것인지 결정하는 데 많은 관심을 기울이기도 한다. 이런 모델은 차트, 다이어그램, 컴퓨터 게임, 제도적 묘사를 통해 그려낼 수 있지만, 이 안에 인간관계 혹은 정서적·감정적 내용이 명확한 요소로 들어 있던 적은 거의 없으며 문화적 전망 역시 드러낸 적이 없다시피 했다.

남성적 이행 과정의 양식으로 제안되는 전략들은 주로 정치적·경제적 측면에 치우쳐 있다. 이는 기껏해야 단계적 군축 제안이나 산업 전환 계획 같은 것들이다. 이러한 전략들은 특히 공공 분야에서 (속도는 각각 조절되겠지만) 증대되어야 하며, 주로 공공 생활에 영향을 주는 것으로 간주된다. 이행의 시나리오에 포함되는 가치의 변화는 인권 보호나 갈등 해소 절차처럼 사회 및 공공 정책을 위한 규범이 되기 쉽다. 이는 사적이라기보다는 집합적이며, 공공 분야에 직접적인 영향을 줄 것이다. 가치의 변화가 현재의 공공 정책 형성보다는 세계질서 이행의 전략에 약간이나마 더 관심을 기울이고 있지만, 그것이 사적·개인적 영역에 미치는 결과적 효과는 미미하다. 여성 정책의 효과를 가늠해보는 페미니스트들은, 이처럼 "이차적" 결과에 대한 인식이 부족한 것을 지켜보면서 정책 제안이라는 것이 실제로는 변혁이라기보다 재조정일 뿐이지 않을까 염려하게 된다.

사실 20세기 혁명 대부분의 변혁적 잠재력을 무산시킨 것은 공적·구조적 측면에 대한 남성들의 집착이었다. 이에 몰입하는 바람에 변혁적 잠재력이 가두어졌고, 혁명은 기본적 세계질서를 바꾸는 데 실패한 채 주요 권력의 바퀴 방향을 트는 정도에 그치

성차별주의는 전쟁을 불러온다

게 되었다. 이러한 변화는 정치권력에서 특정 집단을 몰아내기는 한다. 하지만 이는 페미니즘에서 강조하는 개인의 역량 강화personal empowerment라는 비물질적 원천이나 사람들이 부딪혀 만드는 영역의 변화와는 결부되지 않는다(나를 포함한 몇몇 여성 연구자와 미래주의자들이 똑같은 종류의 남성 버전 시나리오를 생산해왔다는 점은 언급해둬야겠다).

남성적 양식에 의한 이행 시나리오들은 구조 변혁에 대한 그들의 전망에 비해 언제나 훨씬 약하고, 설득력이 떨어지며, 그 목표에 있어서든 현실에 있어서든 관련성도 적었다. 일반적으로 변혁적 전망과 그 전망을 성취하는 데 필요한 절차에 대한 계획 사이에는 심각한 괴리가 존재한다. 남성적 변혁 모델은 미래에 요구될 사적·개인적 변화에 거의 아무런 관심도 보이지 않는다. 세계질서 모델의 취약함은 여성적 모드, 그 인간적이고 솔직하며 행동적인 요소들이 결여된 데서 비롯된다는 것이 나의 의견이다.

여성적 양식은 구조의 측면이 약하지만, 이행 시나리오에 대한 접근에 있어서는 더 진전되어 있다. 실제로 여성적 양식에서의 이행과 변혁은 함께 어우러지며, 보통은 생태적으로 구상된 일련의 연속적 전체론의 과정으로 간주된다. 명백히 페미니즘적인 "유의미한 유토피아"relevant utopias 2란 존재하지 않지만, 페미니

---

2 [옮긴이] 베티 리어든은 여러 저작과 강연 활동에서 특정 정치적 입장을 지지하는 이들이 바라는 세계의 모습을 현실로 만들 수 있도록 이끄는 유토피아의 이미지, 그러한 긍정적 가능성의 제시를 "유의미한 유토피아", 또는 "바라 마지않는 미래"(preferred future) 등의 용어로 부른다.

스트 유토피아는 존재한다. 그러나 변혁에 대한 페미니즘적인, 여성적인, 그리고 여성의 이미지는 구조적 상세함과 공공 정책 제안의 측면에서 보면 정밀함이 떨어진다.

우리가 품고 있는 변혁에 대한 여성적 이미지 가운데 상당수는 사회운동으로 수렴해 들어간 사적·개인적 변화이다. 개인적 삶과 사회적 삶이라는 인간의 두 차원은 총체적 관계 복합체의 한 요소로 간주된다. 이들의 구체적 이미지는 구조적이라기보다는 거미줄과 같은 것이다. 삶과 인간관계에 대한 여성적 시각 역시 그러하다. 이행과 변혁이 명확히 구분되지 않는 데에는 여성이 인간 경험을 상상하는 방식이 반영되어 있다.

가령 아이가 성인이 되는 것을 생각해보자. 이는 하나의 종결이나 정점이 아니라, 발전 과정의 연속으로서 유아와 어린이 시절에 드리워져 있던 가족의 가치와 세계관으로부터 벗어나 살아가는 것으로 여겨진다. 변혁에 대한 여성적 시각은 남성적 시각에 비해 정확성과 추상성이 부족하지만, 더 유기적이고 행동적이다. 그리고 보통은 수렴, 치유, 일체화, 탄생, 새로운 생명 등의 이미지인 경우가 많다.

여성적 이미지는 맥락적이다. 공공 정책, 경제적 절차, 정치 구조와 같은 것을 완전히 배제하지는 않으며, 이보다는 촉감, 느낌, 관계에 더욱 신경을 쓴다. 그리고 그 중심에 자의식의 출현, 상호성과 평등성의 관점에서 비롯된 자립과 책임의 개발이 있다. 이는 성년기에 접어든 이에게 흔히들 하는 말일 텐데, 그 변화를 가

성차별주의는 전쟁을 불러온다

능케 하는 사적 변화 및 인간 지원 체계와 연관되는 경우가 많다.

세계질서 이행 전략의 페미니즘 버전은 즉각적인 변화 과정에 점화 장치이자 엔진이 될 지원 체계를 건설하는 것이다. 여성은 개인적 변화이면서 동시에 정치적 행동이기도 한 이 작업을 수행하는 데 있어, 특히 사회운동의 위기 평가와 생존 보증의 측면에서 매우 성공을 거두었다. 사실 현재의 지구적 운동에서 보이는 네트워킹 현상은 조직화·전략화 과정에서 핵심적 역할을 수행해온 여성들의 작품인 것처럼 보인다. 이들은 여성적 방식으로 관계를 만들고, 이를 확고히 하면서 운동을 키워 나간다. 또한 책임과 권위를 공유하고, 위계질서 없이 각자의 기능을 수행한다. 실제로 많은 여성 단체들이 구조적 변혁 모델을 실천하고 있는 셈이다. 여성의 이행 개념은 경쟁, 소외화, 파편화에서 협력, 보완, 통합으로 움직여가는 사회의 성숙화 과정이다. 여성적인 "책임감의 언어는 위계질서 만들기를 대체할 관계의 거미줄과 같은 이미지를 제공하고, 억압적 질서는 평등의 도래와 함께 와해될 것이다"(Gilligan, 1982, p. 173).

미래의 세계질서에 대한 일반 문헌이나 학술 및 정치 논의에서 이러한 이미지와 여성적 접근법이 검토되는 경우는 거의 없다시피 하다. 그러하기에 남성적 전망이 지배하는 위계질서적 구조를 바꾸려 할 때, 이에 대한 실행 가능한 대안이 여성적 전망이라는 사실에 대한 관심은 부족했다.

미래의 세계질서에 대한 페미니스트의 전망 혹은 모델은 학술 논문, 컴퓨터 게임, 그래프, 차트가 아니라, 소설, 시, 예술 작품에서, 그리고 현재 여성들이 스스로 만들고 있으며 다른 이들을 도와 만들고자 하는 구체적인 행동 변화에서 발견된다. 여성들은 매우 적극적으로 정치 운동, 특히 평화 및 정의와 관련된 운동을 벌이고 있지만, 자신이 원하는 상호 관계를 위한 정치적 전략 설계와 구조적 변화 고안에는 아직 좀 더 많은 관심을 기울여야 할 것이다. 그러나 현재 그들이 보여준 노력과 치유적이고 총체적인 것에 대한 전망은 어떤 측면에서는 여태껏 남성 연구자들이 선보였던 정확한 정치 설계나 추상적인 정치 과정보다 훨씬 더 변혁적이다.

양극화를 넘어서, 세계질서 가치를 향하여

파편화된 세계에서 치유와 총체성의 의미를 더욱 포괄적으로 이해하고 모든 차원에서의 변혁 임무를 알기 위해서는, 과학, 정치학, 사회과학 전반에 걸쳐 있는 남성적 편견의 결과인 유해한 분할과 분리를 주목해 살펴봐야 한다. 우리는 사상 및 사회적 기능에서의 주요 분리와 이분법에 대해, 그리고 이러한 편견이 낳은 불평등, 충돌, 폭력에 대해 초점을 맞춰야 한다. 치유와 총체성을 지향하는 여성적 흐름 속에서 우리가 극복해야 할 가장 심각한 분열들은 과학과 철학 사이, 사실과 가치 사이, 개인과 공

성차별주의는 전쟁을 불러온다

동체 사이, 가족과 국가 사이, 공공 영역과 사적 영역 사이, 시민과 그들의 도움을 받아야 하는 이들nurturers 사이, 남성의 사회적역할과 여성의 사회적 역할 사이의 분열들이다. 예컨대 페미니스트의 미래 질서에서 시민은 정치나 공공 업무에 참여하는 것은 물론이고 생명을 보살피고 증진하는 책임을 맡게 될 것이다.보육과 정치 활동은 남녀의 공동 사안이 될 것이다. 그렇게 되면정치에 어떤 변화를 가져올 수 있겠는가!

우리는 자기 정체성을 확인하고 스스로를 인식하며 인간 경험을 매개하는 방법들마저 분리와 이분법을 넘어서도록 변혁해야만 한다. 하나의 균질한 문화 혹은 동일한 인간 정체성으로 융합하자고 주장하는 것이 아니다. 인간이 인간일 수 있는 무수한 방법의 개화를 가로막는 추상적·이분법적 사고를 극복하자는 것이다. 그러한 사고방식이 우리와 그들을 나누는 위−데이 증후군we-they syndrome[3]을 만들어냈는데, 이는 경제적 부, 체제, 지정학적위치, 이데올로기, 그리고 문화에 의해 세계를 나누고 가른다.

우리는 자기 체제 및 문화와 얼마나 유사한지에 따라 다른 체제 및 문화의 가치를 판단한다. 또한 대체로 이분법적이며, 위험성이 큰 모호한 단어들을 사용한다. 예컨대 서구와 비서구, 선진국과 개발도상국, 사회주의와 자본주의 등과 같은 이분법적 개념이 그것이다. 남녀의 차이를 부정적으로 과장하고 조작했으

---

3 [옮긴이] 어떤 사안을 자신을 포함한 '우리'의 문제가 아닌 '그들'의 문제로 바라보면서 생기는 문제적 현상을 말한다.

며, 인간 역사 가운데 대부분의 기간 동안 전쟁을 하게 만든 것이 바로 그 이분법적이고 경쟁적이며 양극화하는 사고이다.

이 치명적 게임 때문에 우리는 종종 선과 악을 날카롭고 그럴싸하게 구분해왔으며, 꼭 우리 자신은 아니더라도 우리 자신과 비슷한 것을 미덕의 구현으로, 인간적 측면에서 최고 상태의 달성으로 몰아왔다. 다른 이미지를 가진 이들은 부패하고 열등한 사람으로 치부했고 말이다. 이 게임은 또한 타자성의 차이를 과장함으로써 적을 만드는 전제 조건이 되고 있다. 우리가 창안해낸 무기와 전략들은 이 괴물 같은 게임을 하기 위해 우리가 "적으로부터 우리 스스로를 지키듯" 우리의 절멸을 위협해 들어왔다. 그리고 그때서야 우리는 "우리는 줄곧 적을 만나왔는데, 사실 그 적은 바로 우리야"라고 선언했던 포고의 깊은 뜻을 이해하기 시작했다. 우리의 성숙과 생존에 대한 답은 바로 여기에 있다.

지구상의 종으로서 인간 존재는 누구나 인간에 대한 타자이다. 인간은 단일 종치고는 놀라울 만큼 믿을 수 없을 정도로 다양하다. 하지만 단일 종으로서 우리에게는 단 하나의 미래만 있으며, 그 외에는 어떠한 미래도 없을 것이다. 인류의 진정한 적은 이 진실을 알면서도 여기에 맞춰 행동하지 않는 인류이다. 우리의 공동 운명에 대한 인식은 핵 정책뿐만 아니라 인간 선택의 모든 수준에서 고려되어야만 한다. 로버트 리프턴의 말처럼, "네가 죽으면 나도 죽는다. 네가 살아남으면, 나도 살아 남는다"라는 사실을 반드시 인식해야만 한다. 그러면서도 동시에, 그리고

성차별주의는 전쟁을 불러온다

아마 훨씬 기본적으로 "네 존엄이 짓밟히면, 나의 존엄도 짓밟힌다. 네 정체성이 뒤틀리면, 나의 것도 마찬가지다"라는 것 역시 명심해야 할 것이다.

인간 종의 생존과 진보는 발전 양식으로써 남성적 근대화 모델을 보편적으로 채택하는 데 달려 있는 것이 아니다. 여성의 평등은 남성적 가치와 행동을 받아들이는 데 달린 것이 아니다. 세계의 안전은 모든 나라들이 자신의 적에 맞먹는 무기를 갖추는 데 달려 있지 않다. 우리의 완전무결함integrity도, 정체성도, 다른 이들을 멸시하거나 적을 물리치는 것을 필요로 하지 않는다.

이러한 진실을 인정하지 못할 때, 유일하고도 진정한 적은 타자에 대한 두려움이다. 이는 기본적으로 우리 자신의 약점과 단점에 대한 두려움, 우리 안에 있으리라 의심하는 타자에 대한 두려움이다. 여기에서 나는 새로운 세계질서의 가치와 화합을 비롯해, 심지어는 용서까지도 옹호하고자 한다. 이때의 용서란, 우리에게 잘못한 이들에 대한 것일 뿐만 아니라 주로 우리 자신에 대한 것이다. 비난받을 만한 행위를 하지 않은 인간 존재란 없고, 사심 없으며 고귀한 행위를 하지 못하는 인간 존재 또한 없다는 것을 이해할 때, 우리는 우주적 차원의 변화 가능성을 열게 될 것이다. 비폭력 철학의 기저에 본질적으로 깔려 있는 것이 이 변화 가능성의 실현이다.

만약 우리가 군비 철폐를 통해 진정 비폭력적인 세계로, 참된 평화와 정의로 나아가려 한다면, 반드시 우리 안에 있는 타자를 받아들이고 인정해야만 할 것이다. 우리 안의 타자는 우리의 남성적 속성일 수도 있고, 여성적 속성일 수도 있다. 혹은 우리가 적과 범죄자에게, 혹은 영웅과 성자에게 투사해온 특성이자 성격일 수도 있다.

만약 우리가 만인에 대한 평등의 가치와 존엄성을 옹호한다면, 그들의 재능과 능력은 물론이고 단점도 받아들여야 하며 (우리 자신을 포함한) 모두가 변화할 수 있다는 것을 이해해야만 한다. 문제는 우리가 그렇게 하도록 동기부여가 될 것인지 여부이다. 개인적으로는 이 동기부여가 주로 교육, 특히 평화 교육의 임무라고 생각한다. 사실 남성 우월주의의 토대에서나, 참호로 둘러싸인 군사주의 사회 체제에서는 변화를 불러일으킬 동기부여의 증거를 거의 찾아보지 못했다. 그러나 변화의 가능성이 없다면, 전쟁 체제의 덫에서 빠져나갈 희망 역시 거의 없다. 교육은 희망과 변화의 가능성에 기초한 사업이다.

최선의 교육은 평화를 위한 투쟁처럼 사랑이 그 동기가 되는 것이다. 압도적인 체제가 우리를 갈라놓고 소외시킬지라도, 남성과 여성이 계속 서로를 사랑하고 (심지어 몇몇은) 서로를 이해하려고 노력한다는 사실은 굉장한 희망의 원천이다. 또한 남성의 환심을 얻도록 여성들을 경쟁 관계 속에 밀어 넣은 뒤 서로를 갈라놓고 소외시키는 사회화 과정에도 불구하고, 그 과정을 넘어서는 여성들이 존재하고 그들 사이의 유대감이 싹트고 있다는 것도 희망의 원천이다.

성차별주의는 전쟁을 불러온다

남성들이 사냥에서, 전쟁터에서, 그리고 경기장에서 유대를 형성해왔던 것처럼, 이제 여성들은 페미니즘 운동과 평화운동의 장에서 남편과 아이에게 쏟아 붓도록 사회화되었던 사랑과 지원 가운데 일부를 서로 나누며 유대 관계를 맺고 있다. 이들은 사적 교환과 정치적 도전을 통해 서로를 지지하면서 키워 나가고 있다. 그러한 희망의 원천이 우리가 변혁을 할 수 있다고 믿게 만드는 것이다. 바로 이 믿음을 통해서 페미니스트들은 자신이 권한을 부여받고 있다고 느끼며, 이 신념을 통해서 우리는 새로운 정의를 얻는다. 힘이란 변화의 역량, 우리 자신과 우리 주변을 변화시키는 역량인 것이다.

　실제로 권력 없는 이들의 역량 강화(권한 부여)는 성차별주의와 전쟁 체제를 뛰어넘는 데 필요한 근본적인 변화이다. 이것이 바로 지금의 강제적 권력 사용에 맞서는 안티테제인 것이다. 여성이 자신의 육체에 대한 지배권을 가져야 한다는 페미니스트들의 주장 뒤에는 이러한 권한 부여가 중요한 동기 가운데 하나로 자리하고 있으며, 이를 통해 여성의 문제는 세계질서의 문제가 된다. 세계질서가 보편적 인간에 대한 권한 부여라는 더욱 강력하고 좀 더 변혁적인 가치를 향해 나아가는 상황에서, 이는 달성하기에 만만치 않은 가치, 즉 **참여**를 마침내 전면 수용해야 한다는 의미이기도 하다.

　이런 절차를 통해서만이 우리는 산업국 남성 엘리트들이 견지해온 지구적 지배에서 해방될 수 있다. 여성운동, 반식민주의 운동, 그리고 모든 형태의 인권운동은 그러한 절차가 진행 중이라는 증거이다. 모든 운동들은 피억압자가 자신의 열등한 지위를 불가피하거나 당연한 것으로 받아들이기를 계속 거부할 때 시작된다. 페미니즘 최고의 가치, 그 자기 가치value of self는 해방의 과정에 필수적이며, 성숙한 책임을 발전시키기 위해서도 반드시 필요하다. 길리건은 여성에게 나타나는 이러한 과정을 다음과 같이 관찰하고 있다.

> 불평등의 억압에서 해방된 여성은 그때까지 마음속에 담아두고 있던 판단을 마침내 표현하기 시작한다. (……) 판단을 표현하고 그 판단에 대해 책임지겠다는 의지는, 자기 자신과 다른 이들, 결국은 관계에 대하여, 그 간접적 행위에 대한 심리적 비용을 인식하는 데서 비롯된다. 그렇다면 자아와 다른 이들을 모두 포괄하여, 돌봄에 대한 책임을 져야 한다. 그리고 전통적 속박에서 벗어나 상처를 주지 말라는 명령은, 선택을 해야만 하는 현실을 반영하는 한편 돌봄의 이상을 유지시킨다 (Gilligan, 1982, p. 95).

이 과정에서 가장 중요한 측면은 비용을 인식하는 것이다. 역량 강화, 자기 존중, 진정한 책임은 개인이나 사회가 쉽게 손에 넣을 수 있는 자원이 아니다. 우리가 역량 강화를 위한 특정 전략을 손에 쥐고 있는 것도 아니다. 그러나 헌신과 전망을 감안

성차별주의는 전쟁을 불러온다

해볼 때, 페미니스트들의 전략은 특정 맥락과 조건 가운데서 태동된다. 예를 들어 여성 펜타곤 행동과 그린햄 커먼 시위, 세니커 폴스Seneca Falls의 포위 시위[4]는 그들이 추진한 특정 방침에 앞서 이행 전략이 계획되었던 것은 아니다. 이러한 행동들은 위기, 희생, 그리고 고통스러운(하지만 즐거운) 투쟁의 사례이다. 그리고 탄생이 원래 그러하듯, 새로운 삶에 대한 전망과 그것의 갱신이 있기에 진통은 기쁨으로 승화된다. 이러한 행동을 하려면 내적 투쟁, 스스로의 변화, 그리고 개인적·일상적 삶에 새로운 원칙을 적용하면서 만나게 되는 큰 어려움을 대처해 나가는 배움이 필요하다. 이것은 사실 우주적인 것과 일상적인 것 사이의 상호 관계성의 사례들이다.

이러한 사례들은 적이나 대상으로서가 아니라 완전한 인간으로서 다른 이들과 관계 맺을 수 있는 가능성을 보여준다. 정치적 목적과 사회적 모델, 그리고 인간관계 모두에 초점을 맞추면서 말이다. 이들은 남성의 추상적이고 지적인 접근법을 여성의 구체적이고 실천적인 접근법과 결합하고 있는 듯하다. 내가 보기에 이행 전략에서 우리에게 필요한 것은 남성적 변화 양식과 여성적 변화 양식의 수렴이다.

---

4 [옮긴이] 1983년 가을에 미국의 세니커 육군 창고에 있던, 핵탄두를 장착할 수 있는 크루즈 미사일과 퍼싱II 미사일이 유럽으로 옮겨질 것이라는 이야기가 돌기 시작했다. 이에 문제의식을 느낀 여성들은 그해 여름 핵무기와 그러한 무기를 만들어내는 가부장적 사회에 반발하며 세니커 육군 창고 근처에서 야영을 하며 시위를 벌여 나갔다. 이 지역은 1848년 미국에서 최초로 여성의 권리 획득을 위한 회의가 열린 곳으로도 잘 알려져 있다.

페미니스트 평화 전략가와 남성 비폭력 실천가 사이에는 중요한 유사점이 있다. 이들은 모두 겉보기에 변화 불가능해보이는 것들에 대한 굴복을 거부하며, 강제적 권력의 권위에 노골적으로 도전한다. 이들은 인간 고통의 필연성이라는 근본적 질문을 던지는 책임을 자임한다. 질문하고, 책임지고, 권한을 부여하고, 자기 가치를 찾는 것은 성숙과 변혁의 속성들이다. 이들은 또한 남성과 여성의 긍정적 가치, 사고방식, 행동 양식 등이 수렴된 증거이기도 하다.

이러한 발전은 페미니즘과 평화운동이 바라 마지않던 수렴의 징후로 인용될 것이며, 수렴이 장려되고 확장될 때 진정 변혁 운동이 크게 강화될 가능성이 열릴 것이다. 또한 성차별주의와 전쟁 체제 사이의 연관성을 더욱 깊이 연구할 때, 이 가능성이 커지고 참된 인간의 미래를 실현할 확률이 높아질 것이다. 보통의 정치와 전통적 연구 형태가 아무것도 내놓지 못할 때, 이러한 연구가 지식에서 찾아낸 변혁의 잠재력은 내게 희망이 되고 있다.

평화롭고 성숙한 미래의 재생산을 꿈꾸며

이 책의 주요 목적 가운데 하나는 페미니즘과 여성운동이 우리 삶을 개선할 수 있는 가능성을 진단해보는 것이었다. 그렇기에 결론에서는 인간의 재생산이라는 말을 쓰는 것이 적절한 프레임이 될 것 같다. 변혁 이후의 사회라는 개념은, 사회에 생명을 불어넣어 중심이 되어주는 사유의 현실화에서 찾을 수 있을 것이다.

남성과 여성의 유전적 질료가 개별 인간의 삶으로 수렴할 때, 남성적·여성적 지각, 양식, 참여도 진정 인간 사회라는 개념에 통합되어야 할 것이다. 이 개념은 우리 세대의 주요한 변혁의 임무 가운데 두 가지, 즉 여성 평등의 성취와 완전한 군축을 목표로 설정해 정치적으로 상징화되었다. 첫 번째 임무는 여성의 긍정적인 인간성에 사회적 가치를 부여함으로써 달성될 것이다. 두 번째 임무를 달성하기 위해서는 가장 부정적인 남성성에 대한 사회적 가치를 거부해야 할 것이다.

변혁 이후의 사회를 구상할 때 그 기본 개념은 살아 있는 사회질서, 즉 더 이상 특정 구조에 의존하거나 그러한 개념으로 이끈 상황에 통제받지 않으면서 하나의 실체로 성숙해질 수 있는 사회질서로 발전해 나가려는 과정이 될 것이다. 이때의 과정은 정의와 평등이라는 남성적 가치와 배려와 평등이라는 여성적 가치가 이끄는, 동시적이고 보완적인 행동과 구조의 변화가 될 것이다. 진정한 상호성을 바탕으로 함께 일할 수 있는 남녀만이 이 임무를 감당하면서 이행 전략을 설계할 수 있다.

변혁이라는 "생명의 절규"는 부모로부터 도출된 근본적 가치에 대한 공적 표현이자 제도화일 수 있다. 수세기에 걸쳐 이루어진 사회의 탄생과 마찬가지로, 새로운 정부 조직의 출범이 이 탄

5장 | 페미니즘은 또 다른 미래를 꿈꾼다

생의 상징이 될 것이다. 여기에서는 남녀의 평등한 정치 참여가 이뤄져야만 군비 없이 비군사화된 세계를 유지하고 발전시킬 수 있다는 인식이 필요할 것이다.

평화 체제의 성숙도는 기존 규칙과 구조에 대한 끊임없는 반성과 도전, 그리고 새로운 인간적 성숙의 단계로 이끄는 새로운 조건에 대한 대응력에 따라 결정될 것이다. 마지막 분석을 덧붙이자면, 결국 성숙이란 변혁의 능력이자 새로운 생명을 만들어내는 역량이다. 변혁은 인간이 선택을 하고 현실을 바꾸고 의미를 찾아내는 과정이다. 변혁이란 생명이다. 페미니즘은 생명을 선택한다.

끝머리에 [†]

『성차별주의는 전쟁을 불러온다』가 처음 출간된 1985년 이래
로, 세계 정치의 윤곽은 극적으로 변화했다. 하지만 권력의 불평
등한 분배는 줄곧 이어졌으며, 폭력의 필연성과 효율성에 기반
한 정치 원리는 강고하게 지탱, 강화되었다. 이러한 변화는 세계
의 기술 산업을 주도하는 남성 엘리트들에게는 유리한 조건이
었다. 강압적 물리력은 줄곧 사회질서의 주요 조정자로 작동하
고 있으며, 물리력 행사에 관한 법적 권리는 국가 보호구역의 몇
몇 사례를 제외하면 여전히 국가의 엘리트 남성들이 관리, 감독
한다. 여성들은 공공 자원의 배분이나 공공 정책 입안 등 중요한

[†] [편집자] 1996년 시라큐스대학교출판부에서 이 책을 재출간하면서 필자가 새로이 집필해
수록한 글이다.

영향을 미치는 실천적 차원에서 대체로 권리가 박탈되어 있다. 물리력 행사와 국가 및 세계의 "안보" 이슈와 관련해서는 더더욱 그러하다.

안보라는 개념과 그에 대한 접근법이 여성들의 공적 관심과 행동의 주요 영역이었던 경제적·사회적·환경적 문제를 포함해 그 범위를 넓혀가는 동안, 안보의 실현이란 종잡을 수 없는, 사실상 환영에 가까운 것이 되어버렸다. 한층 안전한 세계를 향한 진보가 실패한 이유가 전쟁과 평화의 문제를 결정하는 정책 입안 과정에 여성의 참여, 관점, 경험이 빠져 있었기 때문이라는 데 많은 페미니스트들이 동감하고 있다.

이 책의 희망과 목적은 성차별주의와 군사주의 사이의 공통 뿌리에 대한, 그리고 이 두 문제 사이의 상호 관계에 대한 고찰 및 연구를 촉발시키는 것이었다. 그것이 이 두 문제를 넘어설 지식을 제공해줄 수 있으리라고 보았다. 지난 10여 년간 이 분야와 관련해서 많은 연구가 진척되었고, 이제는 여성과 평화에 대한 출판물의 양도 꽤 많아졌다. 그리고 내가 1985년에 내놓았던 주장 가운데 일부는 실제로 반박되거나 의문이 제기되기도 했다. 하지만 나는 여전히 핵심 논제에 대한 검토가 필요하다고 주장하려 한다. 그것은 여성에 대한 억압, 그리고 전쟁을 영속화하는 강제적 힘의 합법화이다. 이들 두 가지는 가부장제의 주요 기둥으로써 상호 공생하는 조건이고, 여전히 페미니스트 연구 및 여성의 평화 행동 너머에서 상당한 고찰을 해야만 하는 개념이다. 전쟁 체제는 여성의 평등을 가로막는 주요 장애물이며, 공공 질서에 대한 여성의 전면적이고 평등한 참여가 이루어지지 않는 한 전쟁은 극복할 수 없다.

1995년 10월 베이징에서 열린 제4차 세계여성회의에서는 명료한 용어로 여성에 대한 전면적인 정치적 평등을 요청했으며, 여성에 대한 모든 형태의 폭력에 대해 맹비난한 바 있다. 하지만 성차별주의와 군사주의의 공생, 그리고 모든 형태의 폭력 사이의 상호 관계에 주목할 것을 요구한 예비 단계의 문서들은 베이징 행동 계획 보고서에 반영되지 않았다.[1] 탈군사화의 시급성에 대한 몇몇 강력한 성명이 발표되었지만, 이 행동 계획에서 평화와 관련한 측면은 결코 충분치 않았다.

드넓은 여성운동과 지구적 평화 군축 운동 모두를 일깨워 이들을 공생 관계에 위치시키려는 힘겨운 고투는 분명 이제 막 시작되었을 뿐이다. 하지만 이 고투는 힘을 얻고 있으며, 성차별주의와 군사주의라는 엉킨 뿌리 속에 박혀 있는 전쟁 문화를 근절하기 위해 이들 두 운동의 전망을 통합시키는 평화 문화의 개발 계획도 진행 중이다. 이는 유네스코가 주도하고 있는데, 나의 투쟁도 이 계획에서 힘을 얻고 있음을 밝혀둔다.

---

1 이와 관련해서는 다음을 참고하라. "Gender and the Agenda for Peace: A Report of a U. N. Division for the Advancement of Women Experts Meeting"(Dec. 1994); "Women's Contribution to a Culture of Peace: A Report of a UNESCO Experts Meeting"(Apr. 1995).

이 책은 여러 해에 걸친 사유, 수많은 대화, 그리고 초고를 읽어본 친구와 동료들이 보내준 비판과 논평이 맺은 결실이다. 이는 좀 더 깊은 숙고와 체계적인 연구로 이어질 기획의 시작이자, 바라건대 새롭고 확장된 대화와 교류의 시작이다. 여성 억압과 전쟁 사이의 관계를 고민해온 다른 이들의 진척된 연구, 그리고 해석상의 차이에 대한 논평과 제안을 환영하는 바이다.

이 책에 담지 못한 생각거리들이 무척 많다. 페미니스트 연구, 그 가운데서도 여성과 전쟁이라는 주제에 초점을 맞춘 연구에 있어서 특히 그러하다. 이 책이 집필된 1983년 무렵에 등장한, 그리고 이 책과 밀접하게 관련된 다른 연구들을 일별했더라면 이 책은 좀 더 풍요로워졌을지 모른다. 그러나 이 작업은 페미니즘 관점의 연구를 바탕으로 하되 평화 교육과 평화 연구의 관점에서 이루어진 것이다. 몇몇 페미니스트 평화 연구자들이 이와 관련한 학습을 시작했는데, 그들이 보내준 지지, 비판, 제안은 군사주의와 성차별주의 사이의 고리를 드러내고 탐구하는 이 책의 시도에 매우 소중한 역할을 했다. 국제평화연구학회의 여성과 군사주의, 군비축소 연구 모임 동료들에게 감사를 전한다. 나는 우리의 탐구와 시도에 대한 개별 및 공동 연구를 지속적으로 지원할 것이다. 여성들은 진정으로 공정한 세계 평화를 위한 투쟁에 자신의 기량과 통찰을 보태며 글로벌 네트워크를 만들어왔다. 그 가운데서 시작된 우리의 특별한 연계를 축복하는 바이다.

이러한 시작을 가장 핵심적으로 지원해준 것이 바로 유네스코였다. 유네스코의 기금 지원에 힘입어 앞서 언급한 연구 모임이 1983년 8월 헝가리 죄르에서 첫 번째 회담을 개최하였고, 이 책의 일부는 그 자리에서 발표되었다. 여기에서 만난, 나와 관심사가 비슷했던 이들은 내가 이 책에 담은 성찰들을 시작하게 된 예감이 유효했음을 입증해주었다. 죄르에서의 회담은 그러한 이들과의 수많은 교류 가운데 하나였다.

이 책은 세계정책연구소와 세계질서모델프로젝트의 지원과 격려로 시작되었다. 나는 세계질서모델프로젝트의 공동감독인 사울 멘들로비치,Saul Mendlovitz 사카모토 요시카즈Yoshikazu Sakamoto 와 이야기를 나누었는데, 그 대화에서 발전된 아이디어 덕분에 이 책이 출간되었다. 그들에게 특별한 감사를 전하고 싶다. 우리 사이의 "연결 관계를 발견한 것"뿐만 아니라, 세계질서 연구라는 우리 공통의 장을 이 책에서 제기된 비판 지점들에 기꺼이 열어준 데 대해서도 감사한다. 원고 집필 중 몇 달씩 다른 일에 밀려 미끄러져 나가는 나를 참아내고 격려해준 셜리 슈베닝어,Sherle Schwenninger 세계정책연구소와 콜럼비아대학교사범대출판부의 공동 출판을 조율해준 스티브 마이코프스키Steve Maikowski(세계정책연구소)와 로이스 패튼Lois Pattion(콜럼비아대학교사범대출판부)에게도 감사를 표한다.

초고를 읽고 논평해준 모든 이들의 비판과 제안, 그리고 이 책에 실린 내 생각을 벼리는 데 그들이 들인 시간과 관심에 대해 특히 고마움을 표하고 싶다. 그들의 제안을 받아들여 표현하는 데 미욱하지 않았기를 바랄 뿐이다. 그들을 비롯한 여러 사람들에게서 얻은 개념과 해석을 인용으로 밝혀두려 했지만, 그렇게 밝힌 것보다 훨씬 많은 부분이 내 본래의 생각보다 이러한 의견 교환과 논평의 결과였다고 확신한다.

가장 큰 고마움은 논평과 제안을 통해 중심 개념을 가다듬도록 도와준 에스더 스틴과 패트릭 리에게 전하고 싶다. 에스더가 품었던 적과 희생자와 관련된 의문, 패트릭이 일깨워준 상호 인과성 개념은 내가 이 책에 반영한 이해의 단계에 다다르는 데 도움이 되었다.

억압과 전쟁의 폭력으로부터 해방된 세계라는 비전을 공유하고 있는 그 모두에게도 감사를 전한다. 우리의 공동 목표와는 다를 수 있지만 각각의 의미와 가치가 있는 공동의 투쟁에 전면적으로 기여하고 있는 모든 이들에게 말이다. 투쟁 속에 평화가 함께하리라.

『성차별주의는 전쟁을 불러온다』가 출간된 지 36년 만에, 그리고 전쟁 체제에 대한 여성들의 도전에 있어 중요한 이정표인 「유엔 안보리의 여성 평화와 안보에 관한 결의 1325호」(이하 「안보리 결의 1325호」)가 채택된 지 20년 만에, 이 책의 한국어판을 출간하게 되었다. 여기에서 다루고 있는 젠더 문제에 대해 평화 연구 및 운동 모두가 많은 관심을 보이게 된 것은 분명 기쁜 일이다. 각 분야에서 일어나길 바랐던 수렴 가운데 일부는 실현되었지만, 무력 분쟁을 막고 젠더 평등을 지향하려는 목표는 정의와 평화를 위해 투쟁하는 모든 이들에게 여전히 중요한 도전 과제이다.

제도적 기반으로써 가부장제는 여전히 상당수의 사회 공동체에 사고의 기본 틀로 팽배하게 자리하고 있으며, 최근 몇 년간은 여성 인권에 반하는 심각한 백래시가 밀어닥쳤다. 가부장제적 사고의 이분법적 분류 및 환원주의가 이 행성과 이 행성의 문명을 죽음에 이르게 한다 해도 과언이 아니다. 세계 사회가 붕괴에 가까워질수록, 치명적인 갈등이 맹위를 떨치며 여성들은 지독한 학대를 겪게 된다. 여성에 대한 전면적이고 동등한 정치적·사회적 평등이 실현되지 않는다면, 그리고 전쟁을 포기하지 않는다면, 그 붕괴를 피할 수 없으리라는 점은 자명한 사실이다.

1996년판 '끝머리에'에서 밝혔듯이, "전쟁 체제는 여성의 평등을 가로막는 주요 장애물이며, 공공질서에 대한 여성의 전면적이고 평등한 참여가 이루어지지 않는 한 전쟁은 극복할 수 없다"(215쪽). 그러한 참여 없이는 우리가 지금 마주하는 세 가지 "메타 위기", 즉 지구 환경의 파괴와 고갈, 인간의 불평등, 그리고 핵으로 인한 절멸의 위협이 도사리고 있는 "영구 전쟁"forever wars 역시 극복할 수 없을 것이다. 이 세 가지 위기는 가부장제에 공통된 뿌리를 둔 채 서로 연결되어 있으며, 서서히 지구를 붕괴시키고 있다.

오늘날 가부장제적 세계에 작동하는 여성혐오, 군사주의, 물질주의, 무자비한 환경 파괴 등의 뿌리들을 뽑아내지 않고서는, 남성 엘리트들이 주조해낸 막대한 과잉의 군사력이 강제로 자행하고 있는 기술-금융 자본주의의 위계질서가 모든 살아 있는 체제의 생존을 위협할 것이다. 페미니스트 평화 연구자들은 이에

한국의 독자들에게

대한 대응으로 그 어느 때보다 더 격렬하게 모든 젠더 정체성, 모든 연령대, 모든 사회 층위의 남녀를 착취하고 억압하는 사고, 문화 규범, 제도에서 보이는 가부장제 양식에 도전하고 있다.

여성혐오의 뿌리를 파고들어간 이 책이 성차별주의와 전쟁 체제의 보루를 공격하기 위해 고투하는 한국의 페미니즘 연구자와 활동가들에게 유용하게 읽히기를 바란다. 또한 「안보리 결의 1325호」의 전면적 시행을 위한 활동에 영감을 주었으면 좋겠다. 이 결의는 현재 여성의 지역별·권역별 평화 건설 운동을 선포하는 데 널리 적용되고 있다.

세계여성평화건설네트워크Global Network of Women Peacebuilders는 시민사회 조직으로서 유엔 회원국들이 「안보리 결의 1325호」를 시행하도록 강제하는 행동 계획을 채택하도록 유도하고 있다. 그리고 이들의 지도 아래, 지역 공동체 여성들은 이 결의를 기본적인 평화 건설의 도구로 채택해왔다. 「안보리 결의 1325호」는 국제 시민사회의 전망을 시사하는 결의 통과 운동의 산물이며, 시민사회의 많은 여성 단체들은 젠더 평등을 통해 평화를 성취하려면 강력한 시민 행동이 필요하다는 점을 알게 될 것이다.

이와 관련해 동아시아 여성들이 벌인 획기적인 활동들이 있다. 한반도를 둘로 나누고 이 지역의 평화를 가로막은 전쟁 상태를 종식시키는 것을 목표로 하는 활동 역시 이러한 기획 중 하나일 것이다. '한반도 종전과 평화를 위한 여성 행동'은 위민 크로스 디엠지,Women Cross the DMZ 국제여성평화자유연맹, 노벨 여성

이니셔티브Nobel Women's Initiative가 한국의 여성평화운동네트워크와 함께 발족시키고 지원하는 전 지구적 캠페인이다.[1] 남북한의 종전 조약 협상 및 이행을 요구한 이 캠페인은 평화와 젠더 평등을 옹호하면서 국제 페미니즘 연대를 선언하고 있다.

나는 이 책의 일본어판(케이소쇼보,勁草書房 1988)을 출간한 덕분에 동아시아에서 국제 페미니즘 연대를 처음 접하게 되었다. 이때 '기지와 군대를 허락하지 않는 여성 행동 모임'基地·軍隊を許さない行動する女たちの会을 소개받았는데, 이 모임은 수십 년간 오키나와에 주둔한 미군들이 여성에게 행사해온 폭력에 반대하며 결성된 것이었다. 후일 나는 이 모임과 협업하게 되었으며, 우리는 폭력이 전쟁 체제에 필수적이라는 사실, 그리고 전쟁을 준비하고 그것을 계속 벌이는 한 폭력이 지속되리라는 믿음을 공유했다.

몇 년이 지나고 나서 중국 베이징에서 열린 제4차 세계여성회의(1995)에서는 여성에 대한 군의 폭력, 특히 무력 분쟁에서의 성폭력 문제가 국제 시민사회와 유엔의 관심사로 대두되었다. 이와 관련한 다수의 결의안들이 「안보리 결의 1325호」에 근거해 채택되었지만, 최근에 이르러서야 안보 문제에 대한 여성의 참여가 안보리 의제로 진지한 논의 대상이 되고 있다. 당시에 채택된 그 어떤 결의안도 성차별주의와 군사주의의 근본적 공

---

1 '위민 크로스 디엠지'는 2015년 국제 페미니스트 단체와 남북한 여성들이 함께 결성한 반전 평화 단체이고, '국제여성평화자유연맹'은 1915년 전쟁의 압제와 착취에 반대하고 평화를 요청하면서 결성된 비정부 기구이며, '노벨 여성 이니셔티브'는 2006년 '대안적 노벨상' 여성 수상자들이 다양한 군축 및 평화 사업을 지원하기 위해 만든 모임이다.

생 관계가 무력 분쟁에서 여성을 대상으로 한 폭력을 조장한다는 사실을 인정하지 않았다. 또한 그 어떤 결의안도 「안보리 결의 1325호」를 끌어내도록 촉발시키며 시민사회 여성들의 동기가 되었던 전쟁 철폐의 필요성에 대해 초점을 맞추지 않았다. 여성을 대상으로 한 폭력을 막으려면, 무력 분쟁을 막아야만 한다. 무력 분쟁은 오랫동안 여러 사회에서 실천되어온 군비축소, 탈군사화, 다양한 형식의 비폭력적 분쟁 해결 방식 등을 통해 근절되어야 한다.

아시아를 중심으로 국제 페미니스트들이 전쟁이 벌어지면 반드시 여성에 대한 폭력이 뒤따른다는 사실을 비극적일 만큼 명확히 보여준 또 다른 활동이 있다. 이들은 2000년에 1945년의 극동국제군사재판(도쿄재판)을 다시 열었고, 이 재판에서 전 세계에 "군 위안부"의 성노예화에 대해 충실히 기록한 증거들을 제출했다. '일본군 성노예 전범 여성국제법정'은 전쟁 체제가 여성을 전쟁 물자로써 대상화·상품화했음을 전면적으로 보여주었다. 이는 이 책에서 전쟁의 전략이라고 보았던 지점으로, 보통 사람들에게 다른 이들에 맞서 무기를 들도록 설득하는 비인간화 과정을 보여주는 최고의 사례였다.

이 재판은 평화 및 젠더 정의를 실현하는 데 중요한 계획이었으며, 일본의 페미니즘 저널리스트 마쓰이 야요리松井やより의 주도로 진행되었다.[2] 마쓰이의 르포르타주는 일본이 군 사업으로 수천 명의 여성들을 "위안부"로 징발해 태평양전쟁 지역 도처에

성차별주의는 전쟁을 불러온다

송출했는데 그중 다수를 조선에서 징발했음을 폭로했으며, 이 사업의 범위와 인간적 피해를 드러내 보여주었다. 한국과 일본의 페미니스트들이 발의하고 국제 협업을 통해 실현된 이 재판은 전쟁범죄를 겪은 모든 국가들로 확장되었다. 1년간의 숙의 끝에 저명한 법학자들로 구성된 패널들은 전쟁의 범죄성을 입증하면서 일본군과 일본 정부의 최고위층 남성들에게 그 책임이 있다고 판결했다(일본군 성노예 전범 여성국제법정, 네덜란드 헤이그, 사건번호: PT-2000－Ⅰ－T, 평결일: 2001년 12월 4일).

페미니스트들의 국제 연대는 또한 아시아를 비롯한 전 세계의 외국 군 기지 철수 운동을 조직하는 데 중요한 역할을 했다. "기지 반대운동"에 페미니스트들이 참여한 것은 '기지와 군대를 허락하지 않는 여성 행동 모임'이 고발했듯이 기지 지역에서 여성 대상의 군 관련 범죄가 끊이질 않기 때문이었다. 그리고 이는 한국 의정부에 있는 '두레방'과 같은 피해자 지원 센터들에 영향을 주었다. 기지 반대운동은 여성 평화운동이 쏟아 넣은 다양한 노력의 전형적 형태이며, 탈군사화를 통한 안보 체제를 만들기 위해 분투하는 운동이다. 이 운동은 현재 "안보"의 주요 도구가 되고 있는 군비와 군대에 대한 의존도를 줄이고, 전쟁 종식을 통해 여성에 대한 군 폭력 또한 종식시키는 것을 목표로 삼고 있다.

어떤 이들은 이러한 움직임을 인간의 안녕을 위한 대안적이

---

2 [옮긴이] 아시아 여성 연대에 있어 선구적인 업적을 남긴 마쓰이 야요리의 책으로 『여성이 만드는 아시아』(정유진·미야우치 아키오 옮김, 알음, 2005)가 국내에 출간되어 있다.

고 탈군사화된 세계 안보 체제를 구축하기 위해 앞으로 내딛는 걸음으로 보고 있다. 대안적 체제를 옹호하는 여러 페미니스트들은 "젠더 정언"gender imperative에 따라 안보 정책과 민주적 통치의 매우 중요한 원칙으로 젠더의 요소를 모든 정책 결정에 끌어들일 필요가 있다고 주장한다.[3] 이들은 전쟁 체제가 국가 안보에 부여한 가부장제적 우선순위가 광범위한 인간 안녕의 가능성을 가로막는다고 보고 있다. 예컨대 국가가 다스리는 국민의 안보를 넘어선 군사화된 안보, 지구와 지구의 모든 자원을 소비·통제·착취하는 가부장제적 충동에 의해 좌절된 인간 안보가 우선시되는 것이다.

이를 방치할 경우, 전쟁 체제가 만들어낸 충동과 메타 위기는 인간 문명의 절멸과 지구의 파괴로 치달아 종말에 다다를 확률이 높다. 이는 핵폭탄이 촉발할 상황을 두고 아인슈타인이 예견한바, "전대미문의 파국"이다. 최근 들어 가부장제적 규범과 정책이 부활했는데, 사실상 모든 믿음에 대한 궁극적 해석의 근간에 자신을 둘 것을 주장하는 여성혐오적 종교 근본주의는, 자신의 우월성을 수용하지 않는 모든 이들의 인권을 거부하면서 그들의 믿음이 생산해낸 바로 그 운명을 위협하고 있다. 민족주의적 권위주의의 발흥에 의해, 그 법 집행의 기제, 군사주의, 그리고 가장 파괴적인 결과인 기후 위기에 의해, 전통적 가부장제는

---

3 B. Reardon and A. Hans, eds., *The Gender Imperative: Human Security vs. State Security*(2nd edition, Routledge, 2019).

세속적 "민주주의" 사회에서 심지어 대담함마저 드러내 보이고 있다.

군사주의와 성차별주의의 공생은 동시대의 가부장제, 즉 이항 대립으로 이루어진 위계질서적 젠더 질서의 억압을 정교화한 구조를 구성하는 다양하고 상호 연관된 기능들로 전이되었다. 이때의 이항 구조는 남성과 여성이 근본적 차이가 있다고 가정하며, 하나가 다른 하나에 대해 지배적인 위치를 점한다. 즉 남성에게 우월성을 부여하고, 그렇게 더 대단한 권리를 부여함으로써 이를 합리화한다. 이 행성을 훼손하는 인종차별주의, 식민주의, 이성애주의, 신인동형론神人同型論, anthropomorphism 등도 이와 동일한 합리화를 통해 옹호된다. 이러한 점은 백인의 우월성과 그 우월성을 회복하기 위해 행해진 "의로운 폭력"에서, 여성 정치지도자와 인권운동가에 대한 명예훼손과 박해에서, 기후 위기에 대한 부정과 핵 테러주의로의 회귀에서 더더욱 분명해진다. 젠더 질서가 지구의 질서가 되어버린 것이다. 그 어느 때보다 생존의 위기가 심각하고, 그 어느 때보다 젠더 평등이 절실하게 필요하며, 인간 및 지구의 생존에 대한 총체적 반응 또한 그 어느 때보다 시급하다.

21세기에 들어서고 나서 2020년대의 시작에 도래할 가부장제는 이 책을 썼던 1985년에 내가 이해했던 모습보다 더 복잡할지 모르겠다. 페미니즘은 이제 전쟁 종식의 중요성에 동의했듯이, 또한 젠더 평등의 중요성에 동의했듯이, 환경 복원의 중요성에도 동의하고 있다. 그리고 어떤 이들은 지구의 질서가 전쟁 체제의 폐지와 밀접하게 연관되어 있다고 보고 있다. 이렇게 페미니즘은 가부장제에서 기원한 모든 인간 억압을 이해하는 문제 틀이 되었다. 페미니즘의 관심사에는 특정 부류의 인간에게 구조적·체계적 취약성을 강제하는 인종차별주의, 식민주의, 이성애주의, 신인동형론 등 "~주의"ism라고 이름 붙은 모든 것들이 포함된다. 이는 가부장제 엘리트들이 "진짜" 세계를 정의하고 통제하려고 할 때 이러한 억압들을 더욱 격렬하게 구축하기 때문이다.

이처럼 넓은 문제 틀로 보았을 때, 페미니즘은 이 책에서 줄곧 부정적인 남성적 가치라고 밝힌 환원주의적 사고에 이의를 제기한다. 이에 반해 정치적 엘리트들은 계속해서 자신의 "현실주의적" 관점 이외의 시각을 폄하하고, 여전히 힘에 가치를 매기고, 폭력을 독려한다. 이 글을 쓰는 시점에도 백인 우월주의에 찌든 남성들은 주로 비非백인이나 이민자와 같은 자기 이웃들에게 무차별 총기 난사를 하고 있다. "타자"라는 존재는 미국에서 걷잡을 수 없는 상태인 것이다. 언론은 이 "난사범들"이 여성에 대한 깊은 증오를 품고 있다고 보도한다. 또한 비백인 여성 정치 지도자에 대한 비방도 불거지는바, 이는 인종차별주의에 성차별주의를 붙어넣어 만든 가부장제의 다중적 "교차 기능"inter-function 가운데 하나를 보여준다.

이러한 "~주의"는 가부장제적 사고에 필수적인 "타자"에 대한 폄하 속에서 작동한다. 많은 나라들에서 가부장제적 폭력 행위가 자행되고 있으며, 종교적 폭력, 인종적 폭력, 성폭력이 정치로 통용되고 지배를 위한 분리가 되고 명백한 동기가 되어주고 있다. 이 책에서 언급한 주류 페미니즘 사고에 대한 비판 지점들, 그리고 4장에 나오는 다수의 남성 평화 연구자에 대한 비판 지점들은 예전에 비해 많이 감소했으며, 양측의 시야도 넓어졌다. 하지만 그 비판들은 오늘날의 표준적 정치 사고에 여전히 고통스럽게 연결되어 있다고 생각한다. 나는 이러한 가부장제의 현재적 형식들에 대항하여 평화에 대한 우리의 문제의식을 그 어느 때보다도 시급히 바꿔야 한다고 본다.

여러분은 이 책의 '끝머리에'에서 내가 이와 유사한 논의를 펼쳤고, 지난 10년간 그 글에서 언급했던 중요한 지정학적 변화가 일어났다는 사실을 알아차렸을 것이다. 그 글을 썼던 1996년에 나는 세계 권력의 구조를 변혁하려면 우리의 사상에 변혁이 필요하다고 주장했다. 스스로가 초래한 파괴에 너무나도 무신경하고, 지구의 질서를 무시한 탓에 어쩔 수 없이 맞이하게 될 자신의 종말에 눈 감고 있는 바로 그 세계 권력 말이다. 정치적 긴급성은 당시보다 훨씬 절실해졌으며, 페미니스트 연대의 국제 네트워크가 분투하는 가운데서도 지배적 사고는 더더욱 안티테제가 되어 대척점에 서 있다. 장애물들은 확실히 위압적이다. 하지만 나는 여전히 변혁적 변화가 가능하다고 생각한다. "변혁은 인간이 선택을 하고 현실을 바꾸고 의미를 찾아내는 과정이다. 변혁이란 생명이다. 페미니즘은 생명을 선택한다"(212쪽).

　페미니스트들은 전 세계적 연대의 네트워크에서 자기 삶을 선택하고 있다. 그들은 현실의 불의不義를 바꾸기 위해 행동하며, 한국인을 비롯한 세계 각국 사람들이 평화를 택하게 할 수 있을지도 모른다. 나는 그들의 목적에서 의미를 찾고, 그들의 헌신에 경의를 표한다. 여성이 평화 및 안보와 관련한 모든 문제에 완전히, 그리고 평등하게 참여하게 될 때, 그들의 노력이 평화 실현의 가능성을 보여줄 것이다. 이 한국어판을 지구상의 모든 이들이 더 나은 삶의 전망을 실현하는 데 공헌하고 있는 용감한 페미니스트들에게 바친다.

　　　　　　　　　　　　　성차별주의는 전쟁을 불러온다

페미니스트 평화학과 평화 교육의 1세대 개척자인 베티 리어든은 컬럼비아 대학교 사범대의 평화교육학 대학원 학장을 지냈으며, 학내 평화교육연구소Peace Education Center의 설립자이자 소장으로 활동했다. 고등학교 교사로 교육계에 입문한 그녀는 베트남전 반대운동을 만나면서 평화 교육에 눈뜨고 이에 헌신하게 된다. 교사를 그만둔 뒤 리어든은 1963년부터 평화 교육 프로그램을 개발·운영하는 세계질서연구소 학교 프로그램Institute of World Order's schools program의 책임자로 일하기 시작한다. 이후 한창 열정적이던 시기에 컬럼비아 대학교 사범대에서 박사 과정을 이수하고 본격적인 연구자의 길로 들어서면서 평화 교육이 제도화된 프로그램으로 자리 잡는 데 일조한다. 연구자이자 교육자로서 실천적 사회운동에 깊은 애정과 관심을 가진 그녀는 1982년 평화교육국제대회International Institute on Peace Education를 창설한다. 이 대회는 매년 전 세계의 다양한 지역에서 개최되고 있으며, 세계 곳곳에서 모인 평화운동가, 교육가, 연구자들의 이론적이며 실천적인 경험 교류의 장이 되고 있다.

페미니즘을 비롯해 총체적이고 간學학문적인 관점을 바탕으로 한 리어든의 연구와 저작, 교육 프로그램들은 전 세계 평화운동가와 연구자들의 교과서이자 참고서가 되었다. 또한 그녀는 페미니스트 평화학과 국제정치학의 선구자이자 핵심 인물로 자리매김했다.

리어든의 대표적인 저작인 이 책에서 그녀는 가부장주의, 전쟁 체제, 세계질서 사이의 내적 연결 고리를 살피면서 전쟁의 근간에 성차별주의가 놓여 있다는 주장을 펴는데, 이는 리어든 평화학의 차별점이자 핵심이다. 그녀는 평화가 단지 전쟁의 부재가 아니라는 점을 예리하게 지적한다. 평화를 명분 삼아 군비경쟁이 계속되어 군사주의가 강화된다면, 이로 인해 여성의 열등함을 전제로 하는 성차별주의가 지속된다면, 전쟁이 부재하더라도 그것은 평화가 아니라 전쟁과 마찬가지 상태일 뿐이라는 것이다. 이러한 리어든의 주장은 참으로 통렬하다. 이와 함께 내가 책을 번역하면서 무엇보다 크게 감화한 것은, 리어든이 변혁에 대한 전망과 그 길을 위한 근본적이면서도 실질적인 방법들을 절실하게 모색한다는 점이었다. 경험되고 체화된 여성적 가치들에 대한 믿음과 그 믿음에 대한 힘 있는 요청은 영화의 젠더적인 표상과 관객을 연구하는 나에게 여러 갈래의 고민에 대한 길잡이가 되어주었다.

그러나 이러한 앎과 공감의 순간에서 얻은 활력을 번역 작업에 보태 이어가기에는 옮긴이의 역량과 경험이 부족하였다. 베티 리어든의 첫 번째 한국어판 번역서 작업에 참여하게 된 것은 물론 나에게 무한한 영광이자 기쁨이었다. 하지만 일견 평이하고 간결해 보이는 그녀의 문체와 표현들은 깊고 밀도 있는 사유들의 압축체였으며, 맥락화된 언어들 사이의 거리와 깊이를 측량하여 좋은 번역으로 바꾸어내기에는 미숙한 나의 역량을 번역 작업 내내 확인해야만 했다.

이 책의 통찰적이고 본질적이며 단호하면서도 다정한 사유들이 독자들에게 무리 없이 전달된다면, 그것은 이 책의 기획자이자 감수자인 정희진 선생님 덕분이다. 부족한 번역을 매만지고 옮긴이의 미숙함을 보살펴주신 정희진 선생님께 진심으로 감사드린다. 언제나 너른 인내심과 관용을 가지고 기다려주신 나무연필 임윤희 대표님께도 감사드린다. 책이 세상에 나오고서 많은 독자들을 만날 생각을 하니 행복하다. 번역을 하면서 내가 만났던 앎과 공감의 순간이 부디 독자들에게도 깃들 수 있기를 바란다.

옮긴이의 말

유엔 안보리의 여성 평화와 안보에 관한 결의 1325호 †

유엔 안전보장이사회는

의장의 관련 성명과 더불어 1999년 8월 25일의 유엔 안보리 결의 1261호(1999), 1999년 9월 17일의 결의 1265호(1999), 2000년 4월 20일의 결의 1296호(2000), 2000년 8월 11일의 결의 1314호(2000)를 *상기하면서*, 또한 2000년 3월 8일 여성 인권 및 국제 평화를 위한 유엔의 날(세계 여성의 날) 행사에서 언론에 발표한 의장 성명(SC/6816)을 *상기하면서*,

---

† [편집자] 이 책의 '한국 독자들을 위한 첨언'에 언급된 유엔 안보리의 결의문이다. 전쟁이 여성에게 미치는 영향, 그리고 갈등 해결과 평화 구축을 위한 여성들의 기여를 담은 유엔 안보리 최초의 결의로 2000년 10월 31일 유엔 안보리 제4213차 회의에서 채택되었다.

또한 베이징 선언 및 행동 강령(A/52/231)[1]에서 정한 이행 조항뿐만 아니라 "2000년 여성: 21세기를 향한 성 평등, 발전 및 평화" Women 2000: Gender Equality, Development and Peace for the Twenty-First Century (A/S-23/10/Rev.1)라는 제목으로 열린 유엔 총회 제23차 특별 회기 중, 특히 여성과 무력 분쟁에 관한 결과 문건들을 *상기하면서*,

유엔 헌장과 그것의 목적 및 원칙에 준거하여 국제 평화와 안전 유지가 유엔 안보리의 주요한 책임임을 *유념하면서*,

무력 분쟁 때문에 불리한 상황에 놓인 대다수의 사람들이 국내외의 난민을 포함한 민간인, 특히 상당수의 여성과 아동이며, 전투 및 무장 대원들이 점차 이들을 희생 대상으로 삼고 있다는 점에 우려를 *표명하면서*, 또한 이것이 항구적인 평화와 화해에 미치는 영향을 *인식하면서*,

분쟁 방지와 해결 및 평화 구축 과정에서 여성의 역할이 중요함을 *재확인하고*, 평화와 안전을 유지하고 촉진하려는 모든 노력에 여성이 동등하게 참여하고 전적으로 개입하는 것이 중요

---

1 [옮긴이] 유엔 창립 50주년을 기념하여 1995년 9월 베이징에서 열린 제4차 세계여성회의에서 각국 여성 대표들이 만장일치로 서명한 선언 및 강령이다. 남녀평등 문제를 다룬 이 작업은 여성의 권리에 대한 진보적인 청사진을 그려낸 것으로 평가받고 있다. 하지만 필자가 이 책의 '끝머리에'에서 밝혔듯이 한계와 아쉬움도 있었던 작업이다.

하다는 점과 분쟁 방지와 해결에 관한 의사 결정에 있어서 여성의 역할을 확대해야 한다는 점을 *강조하면서,*

또한 분쟁 기간 및 분쟁 종결 후에 여성과 소녀들의 인권을 보호하는 국제적 인도주의와 인권법을 전적으로 이행해야 한다는 점을 *재확인하며,*

지뢰 제거 및 인식 프로그램의 모든 당사자가 여성과 소녀들을 특별히 고려해야 한다는 점을 *강조하면서,*

평화 유지 활동에서 성인지적^{性認知的} 관점의 주류화가 긴박하다는 점을 *인식하면서,* 이와 관련해 빈트후크 선언^{Windhoek} ^{Declaration}과 다각적 평화 지원 작전에서 성인지적 관점의 주류화에 대한 나미비아 행동 강령(S/2000/693)[2]을 *주목하면서,*

또한 2000년 3월 8일 언론에 발표한 의장 성명에서 언급된, 분쟁 상황에 놓인 여성과 아동의 보호, 이들의 특별한 요구 사항 및 인권을 위해 일하는 모든 평화 유지 인력에 대한 전문교육 권고가 중요하다는 점을 *인식하면서,*

---

2 [옮긴이] 빈트후크 선언과 나미비아 행동 강령은 1995년 베이징 선언의 후속 조치로, 평화 구축에서의 성인지적 관점을 요구한 선언이다. 2000년 7월 유엔 안보리 총회에서 채택되었다.

무력 분쟁이 여성과 소녀들에게 미치는 영향력을 파악하고, 효과적인 제도 보완을 통해 이들을 보호하면서 이들이 평화 프로세스에 전적으로 참여할 수 있도록 보장하는 것이 국제 평화와 안전을 유지하고 보급하는 데 상당히 기여할 수 있다는 점을 *인식하면서,*

무력 분쟁이 여성과 소녀들에게 미치는 영향력에 대한 자료를 강화해야 한다는 점에 *주목하면서,*

1. 회원국들이 국가, 지역 및 기관 차원의 모든 의사 결정 단계에 참여하는 여성 대표를 늘리고, 분쟁 예방과 관리 및 해결 메커니즘을 보장할 것을 *촉구한다.*

2. 유엔 사무총장이 분쟁 해결 및 평화 프로세스의 의사 결정 단계에서 여성의 참여 증대를 요청한 전략적 행동 강령(A/49/587)을 이행할 것을 *권장한다.*

3. 유엔 사무총장이 자신을 대리하여 외교적 중재를 모색하는 특별 대표단과 사절로 더 많은 여성을 지명할 것을 *촉구한다.* 정기적으로 회원국의 주요 후보자 명단을 업데이트하여 추천할 것을 *촉구한다.*

4. 여성이 유엔의 현장 기반 작전에, 특히 군 감시단, 민간 경찰, 인권 및 구호 인력으로 참여하여 더 많은 역할을 수행하고 기여하는 것을 유엔 사무총장이 모색할 것을 *더불어* 촉구한다.

5. 유엔 사무총장이 평화 유지 작전에 성인지적 관점을 포함하려는 의지를 기꺼이 *표명하며*, 적절한 경우에는 야전 작전에 성인지적 요소가 개입되는 것을 보장해줄 것을 촉구한다.

6. 평화 유지 및 구축을 위한 모든 조치에 여성의 개입이 중요하다는 점을 알리는 자료와 더불어 여성의 보호와 이들의 권리 및 특히 여성 특유의 요구 사항에 대한 교육 지침과 자료를 유엔 사무총장이 회원국에게 제공해줄 것을 요청한다. 그리고 회원국들에게는 자국 군대와 민간 경찰의 인력 배치 준비를 위한 교육 프로그램에 후천성면역결핍증후군HIV/AIDS에 대한 교육을 포함할 것을 요청한다. 더 나아가 평화 유지 작전에 참여하는 민간 인력이 유사한 교육을 받을 수 있는 기회를 유엔 사무총장이 보장할 것을 요구한다.

7. 유엔여성기금, 유엔아동기금, 유엔난민고등판무관실에서 실행하는 훈련을 포함한 관련 기금과 프로그램에서 회원국들이 자국의 성인지적 교육 노력에 대한 자발적인 재정 지원과 기술 및 수송 지원을 증대할 것을 촉구한다.

8. 모든 관련 행위 주체들이 평화협정을 협상하고 이행할 때, 다음 사항을 포함한 성인지적 관점을 채택하도록 요구한다.

(a) 송환 및 재정착 기간 동안의 재활과 복구, 그리고 분쟁 이후의 재건을 위해 여성과 소녀들이 원하는 특별한 요구 사항

(b) 평화를 모색하고 분쟁을 해결하려는 현지 여성들이 벌이는 특정 처리 과정을 지원하는 조치 및 평화협정을 이행하는 모든 메커니즘에 여성을 참여하게 하는 조치

(c) 여성과 소녀들이 특히 헌법, 선거 제도, 경찰 및 사법부와 연계되었을 때 이들의 인권이 반드시 보호받고 존중받을 수 있도록 보장하는 조치

9. 여성과 소녀들이 특히 민간인으로서 가지는 권리를 보호하는 데 적용할 수 있는 국제법을 무력 분쟁의 모든 당사자들이 전적으로 존중할 것을 요청한다. 특히 여성과 소녀들에게 적용할 수 있는 의무 조항은 다음에 근거한다. 1949년의 제네바 협약과 1977년의 추가 의정서, 1951년의 난민 협약과 1967년의 의정서, 1979년의 여성에 대한 모든 형태의 차별 철폐에 관한 협약과 1999년의 선택 의정서, 1989년의 유엔 아동 권리 협약과 2000년 5월 25일의 선택 의정서 두 건이며, 무력 분쟁의 당

사자들이 국제형사재판소에 관한 로마 규정의 관련 조항을 유념할 것을 요청한다.[3]

10. 무력 분쟁의 모든 당사자들이 성性과 관련한 폭력, 특히 강간과 또 다른 형태의 성적 착취, 그리고 무력 분쟁 상황에서 벌어지는 모든 형태의 폭력에서 여성과 소녀들을 보호하는 특별 조치를 취할 것을 요청한다.

11. 집단 학살과 반인류 범죄 및 전쟁범죄를 저지른 이들에 대한 기소, 그리고 이들이 처벌받지 않고 빠져나가는 상황을 종식하는 것에 대한 책임을 모든 국가가 지고 있음을 강조한다. 여기에는 여성과 소녀들을 대상으로 한 성폭력 및 그 외의 범죄들

---

3 [옮긴이] '제네바 협약'은 전쟁을 비롯한 무력 분쟁의 희생자를 보호하기 위해 1949년 스위스의 제네바에서 체결된 다자 조약으로, 적십자 조약이라는 이름으로 잘 알려져 있다. 연이어 1951년 유엔은 난민의 인권과 자유를 보장하고 이들을 보호하기 위해 '난민과 무국적자의 지위에 관한 협약'(난민 협약)을 채택했다. 난민 협약은 국제법상 최초로 난민의 정의를 내린 것으로 유명하다. 이들 두 조약은 제2차 세계대전이 끝난 이후의 후속 조치이기도 하다.
'여성에 대한 모든 형태의 차별 철폐에 관한 협약'은 1979년 유엔 총회에서 채택되었는데, 1967년의 유엔 총회에서 이미 여성에 대한 차별 철폐 선언이 채택된 바 있지만 이에 대한 강력한 실천을 의무화하기 위해 새로이 조약이 마련되었다. '유엔 아동 권리 협약'은 아동을 단순한 보호의 대상이 아닌 존엄성과 권리를 가진 주체로 보면서 이들의 생존·발달·보호·참여에 관한 기본 권리를 명시한 조약으로, 1989년 유엔 총회에서 채택되었다. 마지막으로 '국제형사재판소에 관한 로마 규정'은 국제범죄를 형사처벌하기 위해 설립된 국제형사재판소의 관할권을 인정하기 위한 조약으로, 1998년 이탈리아의 로마에서 열린 유엔 외교회의에서 채택되었다. 이 조약으로 국제형사재판소는 집단 살해죄, 인도에 반한 죄, 전쟁범죄, 침략 범죄에 한해 국가 단위를 넘어서는 관할권을 가지게 되었다.

성차별주의는 전쟁을 불러온다

이 해당된다. 이러한 범죄를 저지른 이들은 사면 조항에 해당되더라도 그 대상에서 배제해야 함을 *강조한다.*

12. 무력 분쟁의 모든 당사자들이 난민촌과 정착 시설의 설계 문제를 포함하여, 이런 시설들과 관련해 민간인의 특성과 인도주의적인 면을 존중해야 하고, 여성과 소녀들이 원하는 특별한 요구 사항을 고려해줄 것을 *요청하며,* 1998년 11월 19일의 유엔 안보리 결의 1208호(1998)와 2000년 4월 19일의 결의 1296호(2000)를 상기할 것을 *요청한다.*

13. 무장 해제, 동원 해제 및 복구 계획에 관여하는 모든 인력은 여성과 남성 전직 전투 대원들이 원하는 상이한 요구 사항과 더불어 이들의 부양가족이 원하는 요구 사항도 고려할 것을 권고한다.

14. 유엔 안보리는 유엔 헌장 제41조[4]에 의거하여 어떠한 조치가 채택될 경우에는 여성과 소녀들이 원하는 특별한 요구 사항을 유념하면서, 해당 조치가 민간인에게 미치는 잠재적인 영

---

4 [옮긴이] 유엔 헌장 제41조의 내용은 다음과 같다. "안전보장이사회는 자신의 결정을 집행하기 위해 병력 사용을 수반하지 않는 어떠한 조치를 취해야 할지를 결정할 수 있으며, 유엔 회원국에게 그러한 조치를 적용하도록 요청할 수 있다. 이 조치는 경제 관계 및 철도, 항해, 항공, 우편, 전신, 무선통신 및 다른 교통 통신수단의 전부 또는 일부의 중단과 외교 관계의 단절을 포함할 수 있다."

향을 감안할 준비가 되어 있어야 함을 *재확인한다*. 이는 적절한 인도적 면책 사항을 고려하기 위해서이다.

15. 유엔 안보리는 지역 및 국제 여성 단체의 자문을 받는 것을 포함하여 성 문제와 여성의 인권을 고려하는 것이 자신의 임무임을 기꺼이 *표명한다*.

16. 무력 분쟁이 여성과 소녀들에게 미치는 영향력, 평화 구축 과정에서 여성들의 역할, 그리고 평화 프로세스와 분쟁 해결에 대한 성 관점 gender dimensions에 대해 연구를 수행할 것을 유엔 사무총장에게 *요청한다*. 더 나아가서 수행한 연구 결과를 사무총장이 유엔 안보리에 보고서로 제출하고, 이를 유엔 전체 회원국에서 이용할 수 있게 할 것을 *요청한다*.

17. 유엔 안보리에서 보고할 때, 적절한 경우라면 평화 유지 임무에서 성 주류화에 대한 진척 상황과 함께 여성 및 소녀들과 관련된 다른 모든 측면도 포함시켜줄 것을 유엔 사무총장에게 *요구한다*.

18. 본 사안을 적극적으로 다루어 나갈 것을 *결정한다*.

성차별주의는 전쟁을 불러온다

이 책과 함께 토론하기 좋은 자료 목록†

정희진

영화

- 〈거미 여인의 키스〉 *Kiss of the Spider Woman* (헥터 바벤코, 1985)
- 〈거북이도 난다〉 *Turtles Can Fly* (바흐만 고바디, 2004)
- 〈계엄령〉 *Etat de Siege* (코스타 가브라스, 1973)
- 〈그린 존〉 *Green Zone* (폴 그린그래스, 2010)
- 〈낮은 목소리-아시아에서 여성으로 산다는 것〉 (변영주, 1995)
- 〈노 맨스 랜드〉 *No Man's Land* (다니스 타노비치, 2001)
- 〈닥터 스트레인지러브〉 *Dr. Strangelove or* (스탠리 큐브릭, 1964)
- 〈독일, 창백한 어머니〉 *Deutschland Bleiche Mutter* (헬마 잔더스브람스,

---

† [편집자] 이들 자료는 바람직한 입장을 보여준다기보다는 논쟁을 위한 텍스트를 선별한 것이다. 또한 제목을 기준으로 가나다순으로 목록을 정리했으므로, 순서에 개의치 말고 관심 분야와 흥미로운 텍스트를 중심으로 선택하면 된다. 이 점을 참조하여 토론에 활용하길 바란다.

1980)

- 〈레즈〉*Reds*(워런 비티, 1981)
- 〈마리아 브라운의 결혼〉*The Marriage of Maria Braun*(라이너 베르너 파스 빈더, 1979)
- 〈묵공〉(장지량, 2006)
- 〈보리밭을 흔드는 바람〉*The Wind that Shakes the Barley*(켄 로치, 2006)
- 〈블랙 호크 다운〉*Black Hawk Down*(리들리 스콧, 2001)
- 〈비포 나잇 폴스〉*Before Night Falls*(줄리언 슈나벨, 2000)
- 〈살바도르〉*Salvador*(올리버 스톤, 1986)
- 〈송환〉(김동원, 2003)
- 〈시고니 위버의 진실〉*Death and the Maiden*(로만 폴란스키, 1993)
- 〈시리아나〉*Syriana*(스티븐 개건, 2005)
- 〈시티 오브 갓〉*City of God*(페르난도 메이렐레스·카티아 런드, 2002)
- 〈아버지의 이름으로〉*In the Name of the Father*(짐 셰리든, 1993)
- 〈알포인트〉(공수창, 2004)
- 〈영광의 길〉*Paths of Glory*(스탠리 큐브릭, 1957)
- 〈의문의 실종〉*Missing*(코스타 가브라스, 1982)
- 〈의지의 승리〉*Triumph of the Will*(레니 리펜슈탈, 1935)
- 〈이라크 인 프래그먼츠〉*Iraq in Fragments*(제임스 롱리, 2006)
- 〈지슬〉(오멸, 2012)
- 〈지옥의 묵시록〉*Apocalypse Now*(프란시스 포드 코폴라, 1979)
- 〈침묵〉(박수남, 2016)
- 〈칸다하르〉*Kandahar*(모흐센 마흐말바프, 2001)
- 〈크림슨 타이드〉*Crimson Tide*(토니 스콧, 1994)
- 〈태평양의 지옥〉*Hell in the Pacific*(존 부어맨, 1968)
- 〈패왕별희〉覇王別姬(첸카이거, 1993)
- 〈페르세폴리스〉*Persepolis*(뱅상 파로노·마르얀 사트라피, 2007)
- 〈허공에의 질주〉*Running on Empty*(시드니 루멧, 1988)

- 〈허트 로커〉*The Hurt Locker*(캐스린 비글로, 2008)
- 〈호텔 르완다〉*Hotel Rwanda*(테리 조지, 2004)

단행본 및 논문

- 『군사주의에 갇힌 근대: 국민 만들기, 시민 되기, 그리고 성의 정치』 (문승숙 지음, 이현정 옮김, 또하나의문화, 2007)
- 『나를 보라, 있는 그대로: 화상경험자는 무엇으로 사는가』(송효정·박희정·유해정·홍세미·홍은전, 온다프레스, 2018)
- 『다른 목소리로: 심리 이론과 여성의 발달』(캐럴 길리건 지음, 허란주 옮김, 동녘, 2007)
- 『동맹 속의 섹스』(캐서린 H.S. 문 지음, 이정주 옮김, 삼인, 2002)
- 『동아시아 일본군 '위안부' 연구』(김경일·강정숙·손염홍·송연옥·신영숙·정현주, 한국학중앙연구원출판부, 2017)
- 『모성적 사유: 전쟁과 평화의 정치학』(사라 러딕 지음, 이혜정 옮김, 철학과현실사, 2002)
- 『바나나 해변 그리고 군사기지: 여성주의로 국제정치 들여다보기』 (신시아 인로 지음, 권인숙 옮김, 청년사, 2011)
- 『슬픈 쌍둥이의 눈물: 김현희-KAL 858기 사건과 국제관계학』(박강성주, 한울아카데미, 2015)
- 『여성과 국제정치』(안 티커너 지음, 황영주 외 옮김, 부산외국어대학교출판부, 2007)
- 『오버 데어: 2차 세계대전부터 현재까지 미군 제국과 함께 살아온 삶』(문승숙·마리아 혼 엮음, 이현숙 옮김, 그린비, 2017)
- 「오키나와에는 왜 '양키 고 홈' 구호가 없을까」(정유진, 《당대비평》 14호, 삼인, 2001)
- 『완전한 영혼』(정찬, 문학과지성사, 2018)
- 『위험한 여성: 젠더와 한국의 민족주의』(일레인 김·최정무 엮음, 삼

인, 2001)

- 『전쟁과 여성: 한국 전쟁과 베트남 전쟁 속의 여성, 기억, 재현』(김현아, 여름언덕, 2004)
- 『전쟁미망인, 한국현대사의 침묵을 깨다: 구술로 풀어 쓴 한국전쟁과 전후 사회』(이임하, 책과함께, 2010)
- 『전쟁은 여자의 얼굴을 하지 않았다』(스베틀라나 알렉시예비치 지음, 박은정 옮김, 문학동네, 2015)
- 『젠더와 민족: 정체성의 정치에서 횡단의 정치로』(니라 유발데이비스 지음, 박혜란 옮김, 그린비, 2012)
- 「죽어야 사는 여성들의 인권, 한국기지촌여성운동사」(정희진, 『한국여성인권운동사』, 한울아카데미, 2020)
- 『지식과 국제정치: 학문 속에 스며 있는 정치 권력』(홍성민 엮음, 한울아카데미, 2008)
- 『평화의 승리자: 노벨평화상을 수상한 여성들의 투쟁기』(주디스 힉스 스팀 지음, 강정민 옮김, 예지, 2007)
- 「한국전쟁과 식민지 남성성」(정희진,《녹색평론》172호, 녹색평론사, 2020)
- 『4·3과 여성, 그 살아낸 날들의 기록: 4·3을 뚫고 나온 여성들, 그들이 날것으로 고백하는 최초의 생활사』(제주4·3연구소 엮음, 각, 2020)

- Anonymous, *A report from Iron Mountain*, New York: Dial Press, 1967.

- Bengis, I., *Combat in the erogenous zones*, New York: Random House, 1972.

- Boulding, E., *Perspectives of women researchers on disarmament, national security, and world order*, Prepublication draft, 1981.

- Brock-Utne, B., *The role of women as mothers and as members of society in the education of young people for peace, mutual understanding, and peace* (Publication S-12/81), Oslo, Norway: Peace Research Institute of Oslo, 1981.

- Brownmiller, S., *Against our will: Men, women, and rape*, New York: Bantam, 1976.

- Burns, R., *Development, disarmament, and women: Some new connections*, Paper presented at the Victorian Association for Peace Studies, Melbourne, Australia, 1982, March.

- Carroll, B., "Peace research: The cult of power," *Conflict Resolution*, *16*(4), 1972.

- Chilchinisky, G., *Women's exclusion from mathematics and science*, Paper presented at the International Symposium on Women's Political Participation, Berkeley, CA, 1978, October.

- Chodorow, N., *The reproduction of mothering: Psychoanalysis and the sociology of gender*, Berkeley, CA: University of California Press, 1978.

- COPRED(Consortium on Peace Research, Education and Development), *Conclusion and evaluation*(Organizer's report on the International Symposium on Women's Political Participation), Kent, OH: Author, 1978a.

- _____, *Report from the third world group*(Organizer's report on the International Symposium on Women's Political Participation), Kent, OH: Author, 1978b.

- Crahan, M., *Human rights and basic needs in the Americas*, Washington, D.C.: Georgetown University Press, 1982.

- Divale, W. T.&Harris, M., "Population, warfare, and the male supremacist complex," *American Anthropologist*, 78, 1976.

- Elster, E., "Patriarchy," In *Loaded Questions*, Washington, D.C.: Institute for Policy Studies, 1981.

- Enloe, C., "The military model," In *Loaded Questions*, Washington, D.C.: Institute for Policy Studies, 1981.

- Falk, R., *A world order perspective on authoritarian tendencies*(Working Paper #10), New York: World Policy Institute(Formerly Institute for World Order), 1980.

- _____, *Normative initiatives and demilitarization: A third system approach*(Working Paper #13), New York: World Policy Institute (Formerly Institute for World Order), 1981.

- Feigen-Fasteau, M., *The male machine*, New York: Delta Books, 1978.

- Fitzgerald, F., *New York Times*, sec. 4, col. 1, 1980, February 17.

- Fornari, F., *The psychoanalysis of war*, Trans. A. Pfeifer, New York: Anchor Press, 1974.

- Forsberg, R., "A nuclear freeze and a non-interventionary conven-tional policy," *Teachers College Record*, 84(1), 1982, Fall.

- French, M., *The bleeding heart*, New York: Random House, 1981.

성차별주의는 전쟁을 불러온다

- Galtung, J., *Peace and world structure* (Essays in Peace Research Series), No. 4, Copenhagen, Denmark: Christian Ejlers, 1980.

- Garcia Chafardet, I., "Proposal for a doctoral dissertation presented to the Department of Political Science," New York University, 1975.

- _____ , *Sexism and a proposed theory of aggression*, Paper presented at the International Symposium on Women's Political Participation, Berkeley, CA., 1978, October.

- Gilligan, C., *In a different voice: Psychological theory and women's development*, Cambridge, MA: Harvard University Press, 1982.

- Greer, G., *The female eunuch*, New York: McGraw-Hill, 1971.

- Heide, W. S., Testimony for the record and inclusion in the *Final report to the President and Congress* from the U.S. Commission on Proposals for a National Academy of Peace and Conflict Resolution, Washington, D.C., 1980, June.

- Henderson, H., *Creating alternative futures: The end of economics*, New York: Berkley Publishing, 1978.

- ILO (International Labor Organization), *Women at work* (Monograph series, 8 issues annually), Geneva, Switzerland: Author.

- International Tribunal on Crimes Against Women, *Final report*, Brussels, Belgium: Author, 1976.

- Johansen, R., *Salt II: Illusion and reality* (Working Paper #9), New York: World Policy Institute (Formerly Institute for World Order), 1978a.

- _____ , *Toward a dependable peace* (Working Paper #8), New York: World Policy Institute (Formerly Institute for World Order), 1978b.

- Kelber, M., *Women and the arms race* (Lecture presented at Barnard College), New York, Columbia University, 1982.

- Konner, M., "He and she," *Science, 3*(7), 1982.

- Köhler, G., *Global apartheid*(Working Paper #7), New York: World Policy Institute(Formerly Institute for World Order), 1979.

- Land, P., "On human work," *Center Focus, 49*, 1982.

- Lasch, C., *The culture of narcissism*, New York: Norton, 1979.

- Lee, P.& Gropper, N., "Sex-role, culture, and educational practice," *Harvard Educational Review, 44*(3), 1974.

- Lifton, R.& Falk, R., *Indefensible weapons*, New York: Basic Books. 1982.

- Mallmann, C., Assertion made in opening plenary discussion at the International Symposium on Women's Political Participation, Berkeley, CA, 1978, October.

- Mazrui, A., Untitled paper presented at a meeting of the World Order Models Project, Northampton, MA, 1974.

- McSorley, R., *Kill? for peace*(2nd rev. ed.), Washington, D.C.: Georgetown University, 1982.

- Melman, S., *The permanent war economy*, New York: Simon & Schuster, 1974.

- *New Abolitionists, The.*, Proceedings of the Riverside Church Disarmament Conference, New York, 1978.

- Oberg, J., "The new international military order, the real threat to human security: An essay on global armaments, structural militarism, and alternative security," *University of Oslo Chair in Conflict Resolution Papers, 65*, Oslo, Norway: University of Oslo, 1981.

- Papa, M. B., "Violence, like church 'keeps women in line'," *The National Catholic Reporter*, 1981, April 24.

- Reardon, B. "Comments on the State of the Globe Message," *Alternatives, 1*(4), 1975a.

- _____, Editorial on UN Conference on International Women's Year, *Earthrise*(Out of print), 1975b.

- _____, "Women's movements and human futures," *Convergence*, 8(3), 1975c.

- _____, *Discrimination: The cycle of injustice*, Sidney, Australia: Holt Saunders, 1977a.

- _____, "Women and structural violence: A crucial issue for peace education," *Peace Education*, 1(1), 1977b.

- _____, "Moving to the future," *Network*, 8(1), 1980, January/ February.

- _____, "Militarism and sexism: Influences on education for war," *Connexion*, 9(3), 1981, Fall.

- _____, *A gender analysis of militarization*, Unpublished manuscript, 1984.

- Rivers, C., "ERA's death and the fear of new women," *New York Times*, sec. 4, 1982, August 29.

- Roberts, B., *Peace studies and the war against women: A survey of research*, Paper presented at a meeting of the Canadian Peace Research Association, Toronto, 1982, August.

- Roberts, W.(Producer/Director), *Between men*(Film), Franklin Lakes, NJ: United Documentary, 1980.

- Sakamoto, Y., *Report of the Secretary General*, Presented to the General Conference of the International Peace Research Association, Orilla, Canada, 1981, June.

- Siskel, G, *Sneak previews*(Film reviews telecast over WNET), 1981~82.

- Sivard, R. ed., *World military and social expenditures*, Washington, D.C.: World Priorities, Inc., 1982.

- _____, *World military and social expenditures*, Washington, D.C.: World Priorities, Inc., 1983.

- Sloan, D., *Insight—imagination: The emancipation of thought and the modern world*, Westport, CT: Greenwood Press, 1983.

- Stanford, B., *The human capacity for disarmament: A preliminary survey of biological, psychological, and anthropological surveys*, Paper presented at the General Conference of the International Peace Research Association, Orilla, Canada, 1981, June.

- Stiehm, J., *Women and citizenship: Mobilization, participation, represen-tation*, Paper presented at the International Political Science Association," Moscow, 1979, August.

- Talese, G., *The neighbor's wife*, New York: Dell Books, 1980.

- Thurman, J., "Interview with Nancy Chodorow," *Ms. Magazine*, 1982, September.

- Wolpin, M., *Women as combatants, implications for sexism and militarism*, Preliminary research proposal, 1981.

- Women's Pentagon Action, *Women's Pentagon Action Statement*, New York: Author, 1980.

- Zanotti, B., *Militarism and violence: A feminist perspective*, Paper presented at the Riverside Church Disarmament Conference, New York, 1979, October.

ㄱ

가부장제 9, 13, 15, 35, 40, 43,
46~47, 49~50, 64~65, 82, 91,
93~96, 108~109, 111, 116~117,
125, 129, 132, 134~135, 142,
151~154, 214, 220~222, 226~229

갈퉁, 요한 Galtung, Johan 113

강간 81, 87, 95, 97~99, 101~102,
120, 136, 157~158, 240

개발도상국 62, 134, 203

계급 14, 74~75, 94, 100, 111, 150,
156, 160~161

공격성 25, 34, 55~56, 58, 68, 102~
106, 123~124, 196

공포 32, 34~36, 42~44, 53~54,
76~77, 81, 86~87, 96, 119, 136

과학 45~46, 75, 104, 108, 110,
114~115, 171, 173~175, 177, 180,
202

국립평화아카데미 National Peace Academy
165

국민국가 10, 13~14, 49, 99, 106,
108, 119, 153, 168, 171

국제여성평화자유연맹 Women's International League for Peace and Freedom 147~
148, 222~223

국제정치(학) 8~12, 24, 27, 29, 35~
36, 70, 76, 110, 145, 152, 232,
245~246

국제평화연구학회 International Peace Research Association 181, 217

국제 여성 대상 범죄 재판 International
Tribunal on Crimes Against Women 151

군대 13~14, 74~75, 77, 82, 84, 96,
123, 126, 128~131, 135, 166, 223,
225, 238

군비경쟁 7, 28, 35, 47, 57, 65, 68,
71, 73, 86~87, 111, 131, 133~135,
138, 140~142, 173~174, 195, 232

군비축소/군축 14~15, 23, 26, 30,
35, 65, 84, 86~87, 104, 116, 131,
133, 135~136, 138, 140, 161, 163,
166, 172, 176, 198, 211, 215, 217,

223~224

군사력 13, 47, 128, 134, 141, 197, 221

군사주의 9, 13, 23~24, 27, 45, 47, 49~50, 68, 71, 73~74, 76, 78, 81, 86~87, 91, 122~123, 127~129, 131, 133~134, 142, 152, 168, 180~181, 192, 206, 214~215, 217, 221, 223, 226~227, 232, 245

군사화 11, 23, 26~28, 41, 45, 47~50, 71, 73~74, 81, 126, 130, 134~135, 137, 142, 152, 162, 164, 226

군 복무 74, 85, 128, 131, 135

권위주의 39~40, 43, 71, 77, 78, 81, 95~96, 106, 142, 168, 226

그로퍼, 낸시 Gropper, Nancy 34

그린햄 커먼 Greenham Common 140~141, 163, 172, 209

긍정적인 여성적 가치 26, 143~144, 155

기사도 103, 124~125

기지와 군대를 허락하지 않는 여성 행동 모임 基地·軍隊を許さない行動する女たちの会 223, 225

길리건, 캐럴 Gilligan, Carole 78, 118, 121, 192~197, 201, 208, 245

ㄴ

난민 12, 235, 239~240

남근숭배 phallicism 86, 88

남성성 9~10, 15, 25, 55~56, 61, 83, 86, 136, 176~179, 211, 246

〈남자들 사이에서〉 Between Men 123

『남성 기계』 The Male Machine 124

남성 우월주의 male chauvinism 51~55, 59, 71, 97, 100, 107, 113, 135, 142, 175~176, 178, 206

내면화 112, 130

냉전 48, 71~72, 88, 163

노동 50, 61~63, 73, 86, 101

노동력 62, 76, 108

노예제 76, 104, 126

뉴 라이트 48

ㄷ

『다른 목소리로』 In a Different Voice 192, 245

대상화 12, 94, 108, 119, 123~124, 126, 224

대항 폭력 102

도덕성 193, 196

돌봄 11, 16, 55, 77~79, 94, 108, 118~119, 125, 143, 193~194, 196, 208

동성애 76~77, 122

ㄹ

래시, 크리스토퍼Lasch, Christopher 123~
124, 154

로버츠, 바버라Roberts, Barbara 150, 162,
179~180

리버스, 캐릴Rivers, Caryl 77, 85~86

리프턴, 로버트Lifton, Robert 88, 173

리, 패트릭Lee, Patrick 31~32, 34~35,
124, 218

ㅁ

마쓰이 야요리松井やより 224~225

마치스모machismo 49

무기 48, 76, 80, 86, 88, 107~110,
135, 163, 174, 204~205, 209, 224

무력 분쟁 65, 220, 223~224, 235,
237, 239~241

문명 43, 108, 110, 113, 221, 226

미국 6, 12, 33, 35, 47~48, 52, 63, 66,
73, 87~88, 107, 116, 123, 125~
126, 129, 132, 137, 140~141, 155~
157, 160~161, 163, 168, 209, 228

민족주의 137, 151, 226, 245

민주주의 12, 81, 126, 227

ㅂ

반전운동 132, 157

배제 11, 46, 52~53, 59, 61, 64, 66,
74, 80, 83~85, 94, 108, 126~129,
137, 147, 149, 157~159, 162, 165~
169, 172, 196, 200, 241

백래시 71, 107, 221

백인 93~94, 126, 161, 227~228

번스, 로빈Burns, Robin 138~139

베트남 125, 129, 157~158, 246

변혁 15, 22~23, 29~30, 35, 59,
118, 134, 154, 160, 165, 167~171,
173, 176, 180, 183, 185~192, 194,
196~203, 207, 210~212, 229~
230, 232

복종 57, 77, 94, 96~97

부정적인 남성적 가치 26, 49, 228

분리주의 156, 158~159, 182

불평등 27, 40, 57, 61, 64, 113, 150,
202, 208, 213, 221

브라운밀러, 수전Brownmiller, Susan 97~
99, 113, 158

브록우트네, 비르기트Brock-Utne, Brigit
28, 83, 122, 134, 148, 176

비가시성 166, 169

빈곤(층) 26, 48, 62, 71, 74, 78, 131,
150, 182

ㅅ

사랑 33, 53~55, 77, 94, 136, 143, 194, 206~207

사회과학(자) 74, 101, 127, 159, 171, 174~176, 202

사회정의 71, 73, 78

사회화 25, 34~35, 77, 94, 96, 100, 102~103, 108~109, 112, 121, 134~135, 160~161, 171, 206~207

상호 인과성 21, 89, 196, 218

생물학 8, 28, 31, 51, 59, 62, 80, 100, 121, 138

생태적 균형 71, 79~80

『선택』 The Bleeding Heart 118

성노예 9, 224~225

성폭력 125, 223, 229, 240

성 역할 25, 58, 104, 106, 120~121, 124, 135, 169, 176

세계질서모델프로젝트 World Order Models Project 181, 217

『세계 군사 및 사회 지출』 World Military and Social Expenditures 71, 138

세계 여성의 해 22~23, 181

세계 여성의 10주년 22, 28, 166

소수자 12, 60~61, 73, 75, 78, 126~127, 180

스탠퍼드, 바버라 Stanford, Barbara 104~106, 164

스팀, 주디스 Stiehm, Judith 83~84, 246

슬론, 더글러스 Sloan, Douglas 177

시민권 14, 62, 85, 161

시민사회 8, 10, 222~224

시버드, 루스 Sivard, Ruth 48, 71, 138, 162

식민주의 137, 169, 227~228

심리학(자) 53~54, 118, 173

ㅇ

아파르트헤이트 169~170

아프가니스탄 12, 157

안보 8, 10~12, 43~45, 47, 49, 58, 81, 83, 86, 88, 131, 134, 166, 193, 214, 220, 223, 225~226, 230, 234

양육 54~55, 57, 62~63, 100

억지抑止 110~111, 124

엘리트 10, 40~42, 45~46, 75, 207, 213, 221, 228

『여성과 군대』 Does khaki become you? 9

여성성 9, 25, 55~56, 61, 80, 86, 136, 177, 179

여성에 대한 공포/여성 공포 gynophobia 53~54, 76~77

여성운동 6~7, 23, 27, 30, 48, 52~53, 60~61, 63, 66~68, 130~134, 137, 148, 154, 158, 160, 162, 167, 207, 210, 215

성차별주의는 전쟁을 불러온다

여성의 권리(여권) 47, 60, 62~64, 66, 131, 134, 142, 209, 235

여성의 남성화 68, 130, 142

여성혐오 52~54, 63, 67, 76, 80, 120, 122~125, 132~133, 221~222, 226

여성 인권 7, 27, 221, 234

여성 펜타곤 행동 Women's Pentagon Action 140, 209

여성 해방 60~62, 106, 153, 157, 179

연대 22, 25, 157, 223, 225, 229~230

오베르, 얀 Oberg, Jan 26, 57, 111, 138

『우리의 의지에 반하여』 Against Our Will 99

울핀, 마일스 Wolpin, Miles 127~128

위계질서 94~95, 100, 112, 201, 221, 227

위협자 43~44, 103

유네스코 181, 215, 217

유엔 22, 52, 84, 116, 140, 166, 172, 220, 222~223, 234~242

「유엔 안보리의 여성 평화와 안보에 관한 결의 1325호」 220, 222~ 224, 234

의존 21, 53~54, 56~57, 67, 75, 77~78, 85, 93~94, 96, 109, 119~ 120, 137, 179~180, 182, 193, 195~ 196, 211

이상화 124~126

이행移行 35~36, 174~175, 183, 186~ 188, 190~191, 196~201, 209, 211, 223, 235~237, 239

인구 7, 10, 26, 40~41, 76, 125

인권운동 59, 208

인도주의 8, 58, 62, 69, 88, 98, 143, 155, 162, 236, 241

인로, 신시아 Enloe, Cynthia H. 9, 49

인종주의 61, 94

일본군 성노예 전범 여성국제법정 224

임금 61, 73, 137

ㅈ

자본주의 9, 13, 15~16, 153~154, 156, 203, 221

장애인 12, 76

재생산 10, 34, 51, 62, 76, 100, 108, 119, 210

적敵 32~33, 43~45, 91, 94, 97, 102~103, 109, 112, 116, 120, 124, 136, 204~206, 209, 218

적개심 54, 68, 102, 105

전쟁 수행 능력 45~46, 106

전쟁 행위 23, 45~47, 49, 75, 83, 96, 99~100, 113, 120, 128~129

정신과 26, 83, 173

정의正義 12, 26, 70, 78, 102, 132,

143~144, 163, 188, 190, 193~
194, 202, 205, 211, 220, 224
정체성 50, 54, 57~58, 85, 87, 106,
108~110, 121, 161, 196, 203, 205,
232, 246
제국주의 41, 61, 152~154
제2차 유엔 군축 특별회의 UN Special
Session on Disarmament 84, 116, 140,
172
제1세계 22, 24, 53, 137, 167
제3세계 22, 24, 53, 61, 101, 108,
111, 137, 152~153, 155~156,
167, 197
제4차 세계여성회의 215, 223, 235
젠더 9, 11, 14~15, 57~58, 62, 79,
83, 150, 154, 164, 220, 222~224,
226~227, 233, 245~246
주권 10, 82, 153, 171, 197

114, 119, 125, 177~179, 193, 196,
200~201, 203, 208, 210, 225, 235,
240
초도로, 낸시 Chodorow, Nancy 53, 121,
154
출산 57, 62~63, 80

ㅋ

캐럴, 베르니스 Carroll, Berenice 150, 180
쾰러, 거노트 Köhler, Gernot 169~170

ㅌ

타자 11, 32~34, 94, 133, 136, 204~
206, 228
타자성 32, 99~100, 204
탈군사화 168, 215, 224~226
트라우마 34, 43

ㅊ

차별 25, 47, 52~53, 58~61, 73~77,
115, 127, 137~138, 239~240
차파르데트, 이르마 가르시아 Chafardet,
Irma Garcia 25, 30, 86, 112~113,
115, 176
참정권 64, 83
책임 26, 29, 33, 55, 63~64, 84, 93,

ㅍ

파파, 메리 베이더 Papa, Mary Bader 98
평화여성회 Women for Peace 140, 163
평화연구교육개발협의회 Consortium on
Peace Research, Education and Development
154
평화운동 14~15, 22, 67, 118, 134,

성차별주의는 전쟁을 불러온다

139, 144~145, 148, 156~158, 163,
182, 207, 210, 225

포르나리, 프랑코Fornari, Franco 26, 29~
30, 35, 43, 45, 71, 82, 86, 129, 173

포스버그, 랜들Forsberg, Randall 137, 162

포틀래치 72~73

프렌치, 메릴린French, Marilyn 118, 125

피스 피플Peace People 운동 139

ㅎ

학교 13~14, 76, 231

핵무기 48, 76, 86, 98, 133~134,
136, 140, 157, 163, 209

핵무장 27, 87, 116

현실주의 10, 228

희생자 71, 91, 94, 101~103, 109,
112, 218, 240

메두사의 시선 01

성차별주의는 전쟁을 불러온다
페미니즘 국제정치학 입문

초판 1쇄 발행 | 2020년 6월 25일

지은이 | 베티 A. 리어든
기획·감수·해제 | 정희진
옮긴이 | 황미요조
펴낸이 | 임윤희
디자인 | 송윤형
제작 | 제이오

펴낸곳 | 도서출판 나무연필
출판등록 | 제2014-000070호(2014년 8월 8일)
주소 | 08613 서울 금천구 시흥대로73길 67 금천엠타워 1301호
전화 | 070-4128-8187
팩스 | 0303-3445-8187
이메일 | woodpencilbooks@gmail.com
페이스북·인스타그램 | @woodpencilbooks

ISBN | 979-11-87890-19-5 94300
      979-11-87890-18-8 94300 (세트)

• 이 책의 국립중앙도서관 출판시도서목록(CIP)은 e-CIP 홈페이지(www.nl.go.kr/cip.php)와
  국가자료공동목록시스템(www.nl.go.kr/kolisnet)에서 이용하실 수 있습니다.
  (CIP 제어번호: CIP2020021265)